青少年探索文库
QingShaoNianTanSuoWenKu

中华传统美德故事

姜 越 编

吉林人民出版社

图书在版编目（CIP）数据

中华传统美德故事 / 姜越编. — 长春：吉林人民出版社，2010.10（2021.3重印）
（青少年探索文库）
ISBN 978-7-206-07080-8

Ⅰ. ①中… Ⅱ. ①姜… Ⅲ. ①品德教育–中国–青少年读物 Ⅳ. ①D432.62

中国版本图书馆CIP数据核字(2010)第192068号

中华传统美德故事

编　　者：姜　越
责任编辑：葛　琳
吉林人民出版社出版（长春市人民大街7548号　邮政编码：130022）
印　刷：三河市燕春印务有限公司
开　本：700mm×970mm　　1/16
印　张：13　　　　字数：110千字
标准书号：ISBN 978-7-206-07080-8
版　次：2010年10月第1版　　印　次：2021年3月第2次印刷
定　价：39.00元

目　录

为中华之崛起而读书

1898年3月5日，周恩来出生在江苏省淮安县，这里地处淮河和京杭大运河交汇处，是一片水草丰盛的草原。

1907年，周恩来的生母万氏因得胃癌不幸去世。1908年，养母陈氏也患肺结核病逝。这时，周恩来刚满十岁，父亲又远在他乡，他不得不像成年人一样挑起家庭的重担。

周家的家业原本就已败落，加之给两位母亲治病、安葬又花了不少钱。这时的周恩来不得不经常出入当铺，把家里值点钱的东西都拿到当铺里换成钱来维持生活。东西当尽了，便硬着头皮向亲戚借钱。可是，即便是在周家兴旺时经常来拜访的亲戚，也没有一个愿意伸出手来帮上一把。世态之炎凉使周恩来感触很深，真是“贫居闹市无人问，富在深山有远亲”。

于是，周恩来决定靠自己的劳动来维持生活。他把自家的花园改成了菜园，然后种上玉米、南瓜和豆角。当时他还没有锄头高，但他不怕吃苦，辛勤耕耘。一分汗水一分收获，到了秋天，玉米和南瓜都长得大大的，成了一家人的主要口粮。

12岁那年，周恩来被大伯父周贻（yí）庚拜托堂伯周伯谦带到了沈阳。在大伯父的资助下，周恩来进了沈阳的东关模范学校，一学就是三年。

在东关模范学校的三年里，周恩来学习刻苦，勤奋努力，各门功课都不错，每学期都名列第一。这里的学生很多都是富家子弟，但都很尊敬周恩来，老师更是对他喜爱有加。这时候，周恩来最赞赏的就是范仲淹在《岳阳楼记》中喊出的“先天下之忧而忧，后天下之乐而乐”的济世思想。由于周恩来品学兼优，加之作文非常出色，他的国文老师感叹到：“我教了几十年书，从未见过这样好的学生，为这样的学生，就是呕心沥血也心甘情愿！”

一天，东关模范学校的魏校长亲自为学生上修身课，课题是“立命”。课堂上，魏校长提出了一个问题：为什么而读书？教室里静悄悄地，没一个学生回答，魏校长便走下讲台一个一个地提问。结果，问了好几个人，回答都不令他满意。最后，魏校长走到周恩来跟前，问他为什么而读书。

周恩来立即站起身来，非常郑重地回答道：“为中华之崛起而读书！”

魏校长根本没有想到，在他的学校会有立下如此远大志向的学生。他很高兴地示意周恩来坐下，然后对大家说："有志者，当效周生啊！"

何老先生还和周恩来对对子。有一次他说上句："不为列强之奴仆。"周恩来想了一会儿，对了下句："誓作中华的主人。"

何老先生听了，连声说道："好！好！绝好！"

何老先生从周恩来身上看到祖国的前途和民族的希望。周恩来也受到了一次难得的爱国主义教育，更加激发了他"为中华之崛起而读书"、"为中华腾飞而努力奋斗"的人生理想。就这样，周恩来于青少年时期即有了鸿鹄之志。

投笔从戎

班超，东汉时期扶风安陵 (今陕西咸阳) 人。他父亲班彪、哥哥班周是当时名声远扬的史学家和文学家。受他们影响，班超刻苦读书、学习本领，从小就胸怀大志，梦想着有朝一日能为国建功立业。

为了维持一家人生活，班超不得不找了份抄写公文的工作，挣点钱贴补家用。但是，整天关在屋子里抄写公文信件，对有雄心壮志的班超来说真是苦闷极了。在忙碌之余，他常常想到自己的远大理想，看到眼前的工作使自己不能展翅飞翔，他越想越气愤，越想越着急。一天，他突然把笔扔到地上，大声叫道："男子汉大丈夫，应当去战场杀敌报国，或者应该学习张骞，去边疆建功立勋，怎么能把时间浪费在这抄抄写写之中呢?"周围的人对他突如其来的举动，先是一惊，继而嘲笑地说："算了，算了！像你和我们这样的穷书生，能有多大出息？除非重新投胎，生在帝王将相之家，再给国家建功立勋吧！"说完都哈哈大笑。班超脸涨得通红，冲着他们"哼"了一声，说："你们这些人太没有志气了，我一定要干一番事业，让你们瞧瞧!"

不久，东汉王朝与匈奴的战争打响了。29 岁的班超看到自己建功立业的时机到了，毅然投笔从戎，开始了他梦寐以求的新生活。在战场上，他作战勇敢，足智多谋，表现出高超的军事才能，被连连提升，成为东汉的名将。

为了联合西域各国，护卫丝绸之路，孤立匈奴，恢复东汉与西域各国的友好关系，朝廷决定，让班超带领 36 人出使西域。

班超一行跋山涉水，历尽千辛万苦，来到了西域。他机智勇敢，克服了重重困难，粉碎了匈奴挑拨离间的阴谋，团结了西域各国共同抗击匈奴。在班超的努力下，西域五十多个小国，恢复了和东汉的友好关系，使通往西亚的丝绸之路重新畅通无阻。他被朝廷任命为西域都护，驻守在西域边关。

由于长期驰骋在沙雨荒漠之中，风餐露宿，班超积劳成疾，身染多种疾患。一直坚守到生命危在旦夕的时刻，他才含泪离别驻守了 31 年之久的边疆，回到京城洛阳。西域各国的人民得知后，自发地为他前来送行。老百姓抱着班超的马腿失声痛哭，不愿让他离去。他在临死的时候，还把儿子班勇叫到跟前，再三叮嘱："好男儿要志在四方，为国出力。"

行动的力量

从前，有一户人家的花园中摆着一块大石头，长度大约有100厘米，宽度大约有40厘米，高度有20厘米。到花园的人，不小心就会碰到那一块大石头，不是跌倒就是擦伤。儿子问："爸爸，那块讨厌的石头，为什么不把它挖走?"

爸爸回答说："那块石头从你爷爷时代起，就一直'生'在那儿。它的体积那么大，不知道要挖到什么时候。与其挖这块石头，还不如走路小心一点，还可以训练你的反应能力。"

过了几年，这块大石头留到下一代，当时的儿子已娶了媳妇，当了爸爸。有一天，媳妇气愤地说："孩子他爸爸，花园那块大石头，我越看越不顺眼，改天请人搬走好了。"

丈夫回答："算了吧! 那块大石头很重的，可以搬走的话在我小时候就搬走了，哪会让它留到现在啊?"

媳妇心底非常不是滋味，因为那块石头不知道让她跌倒多少次了。第二天一早，媳妇带着锄头和一桶水，将整桶水倒在大石头的四周。她下定决心，即使是花上三天三夜的功夫也要把这块石头撬出来搬走。但谁都没想到，几分钟以后她就已经把石头撬松并挖了起来。看看大小，这块石头并没有想像的那么大，人们都是被那个巨大的外表蒙骗了。

四生言志

唐玄宗时期，政治昏乱，社会风气每况愈下，富裕的更富，贫穷的更贫，大量的读书人得不到发挥才能的机会，整日喝酒作诗发牢骚，迷迷糊糊混日子。

在长安的一个小酒馆里，有四个青年人聚在一起喝酒解闷，叹息读书没有出息，讨论着将来的打算。

一个叫张生的人先说道："读书太辛苦了，学问一斤值几个钱？现在商业发达，很多人发了大财，所以，不管干什么，能让我手头上有十万贯钱，我就心满意足了。"

李生听了说："钱当然是好东西，但做生意要起早贪黑，也一样累人，再说要那么多钱又有什么用呢？一旦阎王来请，一个也带不走。我倒愿意有位仙人来收我做徒弟，成仙后，长生不老，骑着仙鹤想去哪儿就去哪儿，逍遥自在。"

黄生听了后笑着说：“你们一个想有钱，一个想成仙。有了钱，坐在家里当守财奴；成了仙，整日在天上飞来飞去，这又有什么意思呢？我这个人主张享受，今天有酒今天醉，哪怕明天喝凉水。现在扬州最繁华，风景名胜又多，我只想去扬州听歌看舞，游山玩水，舒舒服服过一生，潇潇洒洒走一回！”

只有马生时而摇头，时而叹息，一言不发。

张生、李生、黄生一齐问道：“马兄，你也说说你的志愿是什么呀？”

马生笑了起来，说：“世上的好事，三位都说完了，一定要我说，那就是：腰缠十万贯，骑鹤上扬州！”三位一听，“哇！我们三个人的愿望他全给包了。”

马生这时又摇摇头，认真地说：“三位仁兄，我们前面所讲的，都是酒后戏言，不可能达到。一个人总不能生活在幻想之中。发财、成仙、享乐都不是我们这辈人应该追求的，一个读书人如果被这些东西迷住了心窍，整日抱怨吃得不如别人好，穿得不如别人好，这种人是不值得和他谈什么大道理的。现在社会风气不好，正需要有识之士去治理整顿。天生我才必有用。从今日起，我们不能再这样浪费时光了，还是回去好好读书，学好本领，将来做一番利国利民的事业吧!”

钱学森回国

我国著名的科学家钱学森，年轻时是美国研究航空科学的最高专家冯·卡门的优秀学生，是美国最早研究火箭的组织——加州理工学院火箭研究小组的五个成员之一。在美国期间，他的成就就十分显著，在冯·卡门的指导下，火箭研究获得了巨大成功，为反法西斯战争的胜利作出了重要贡献。理论上，著名的’卡门——“钱公式”由冯·卡门提出命题，由钱学森最后完成，是至今仍在航空技术研究领域广泛运用的一个公式。

因为钱学森在航空科研领域的卓越才华，美国麻省理工学院子 1947 年聘他为终身教授。当时，钱学森刚满 36 岁，在美国定居，且被聘为终身教授，这是许多人梦寐以求的事，尤其是被聘为终身教授，这在美国是一个很高的荣誉，它预示着钱学森将拥有优厚的待遇和不可估量的远大前程。

然而，当钱学森得知中华人民共和国成立的消息后，顿时热血沸腾，狂喜不已。他想到的是："我是中国人，我的根在中国。我宁愿放弃美国的一切，也不愿放弃自己的祖国。我应该早日回到祖国去，用自己的全部力量为新中国的伟大建设作出贡献。"

钱学森不仅自己想到回国，还诚恳地对中国留学生说："祖国已经解放了，国家急需建设人才，我们要赶快把学到的知识用到祖国的建设中去。"

美国方面听说钱学森要返回中国，马上恐慌起来。他们敏感地意识到，一旦钱学森回到中国，他已具有的专业技术以及他还未发挥出来的智慧，将很快使中国的科学技术获得高速发展。一位美国海军领导人对负责出境的美国官员说："钱学森至少相当于五个师的兵力。我宁可把他枪毙了，也不让他离开美国。"

由于美国官方的重重阻挠，钱学森的回国计划一再落空。他甚至接到美国官方"文件"的通知，不准离开美国。此时，他的行李都已装上驳船，准备由水路运回祖国。但美国海关坚持说他的行李中，包括书籍和笔记本里，藏有重要机密，并因此诬蔑钱学森是"间谍"。

更让钱学森想不到的是，没过几天，他突然被逮捕，关押在一个海岛上的拘留所里，受到非人的折磨。夜里，钱学森屋子里的电灯每五分钟就开关一次，这是在精神上折磨钱学森，妄想让他禁受不住而妥协。钱学森的遭遇被透露出去后，很快引起了加州理工学院有正义感的同事和学生的同情，在他们的强烈抗议下，美国特务机关被迫把钱学森释放了。但是，对钱学森的迫害并没就此停止，他们限制他的行为，监视和检查他的信件、电话等。尽管受到各种限制和刁难，钱学森的回国之心依然没有丝毫改变。一天，钱学森和妻子到餐馆吃饭，钱学森特意同特务们说话聊天，他们认为钱学森在他们视线内就不会有什么问题，但不知他的妻子已悄然把一封渴望回国的信寄出了美国。

五年时间很快就过去了，这期间钱学森争取回国的正义斗争得到了世界各国主持正义的人们的支持，更得到了中国政府的极大关怀。周恩来总理亲自过问他的情况，并指示参加中美两国大使级会谈的中国代表，在会谈中提出解决钱学森博士回国的问题。1955 年 8 月，这场外交斗争最终取得了胜利，美国政府被迫同意钱学森返回中国。到达北京的第二天清晨，钱学森就迫不及待地和妻子领着两个孩子来到了天安门广场。看着天安门广场上高高飘扬的五星红旗，钱学森激动地说：“我相信我一定能回到祖国。现在，我终于回来了！”

遭受诸多挫折才冲破重重阻拦回到祖国的钱学森，很快就一头扎进军事科学的研究里。他倾其毕生的精力和才华，不断推出科研成果，为祖国的国防事业作出了巨大贡献，被誉为“导弹之父”。祖国也给了他最高的荣誉，授予他“国家杰出贡献科学家”的荣誉称号。

鲁迅弃医学文

鲁迅是我国现代最伟大的文学家、革命家和思想家之一。他从小勤奋学习，1902 年，由于成绩优异，到日本学习医学专业，鲁迅认为如果能做一个有本领的医生，就能救起许多病人，就会为祖国作出贡献。于是他暗下决心，一定要好好学习。当取得一定成绩还未毕业时，却毅然放弃医学转而投身文学了。

可是因为一个事件改变了鲁迅先生的想法。

那是 1905 年秋季的一天，日本仙台医学专科学校二年级学生鲁迅，在上课时，教室里放映着教学片。片子上，一个被说成是俄国侦探的中国人，即将被手执钢刀的日本士兵砍头示众，而许多站在周围观看的中国人，虽然和日本人一样身强体壮，却个个无动于衷，脸上显示出麻木的神情。

这时，身边又传来一个刺耳的声音：“看那些中国人这样麻木的样子，就知道中国一定要灭亡!”鲁迅听到这话，好像被人猛击一掌，他忽地站起来向那说话的日本人投去两道威严不屈的目光，昂首挺胸走出了教室。

回到寝室，鲁迅心里像大海的波涛汹涌澎湃，久久难以平静。一个被五花大绑的中国人，一群麻木不仁的看客一一在脑海闪过，鲁迅觉得心里像火烧似的难受。他想，如果中国人的思想不觉悟，即使治好了他们的病，使他们体格健壮，也只能做毫无意义的示众材料和看客。可见治病是次要的，最重要的是要改变人们的精神面貌。他想了好多天，终于下了决心，弃医学文，用笔写文章唤醒中国百姓，用文艺去振奋人的精神，去改变人们的面貌！

从此鲁迅把文学作为自己的事业，用手中的笔做武器，写出了《呐喊》、《狂人日记》等许多作品，向黑暗的旧社会发起了挑战，唤醒了数以万计的中华儿女，起来同反动派进行英勇斗争，直到生命的最后一刻，他仍在夜以继日地写作。三十年中，为我们留下了一千万字的作品和文稿，代表了一个时代最高亢最强劲的声音。鲁迅这颗文坛巨星，永远照耀着祖国大地。

容闳留学 教育兴国

1854 年，容闳 (h6ng) 在美国耶鲁大学毕业，成为近代中国在美国读完大学的第一人。他毕业回国后，又积极推动留学教育，成为教育兴国的一代先驱。

容闳在耶鲁大学读书期间，亲身感受到了西方物质文明的发达，亲眼目睹了美国的社会政治、经济制度和文化教育制度，亲自接触了资本主义社会。他觉得，自己的祖国与西方国家相比落后了一大截。为了振兴祖国，就必须将近代科学技术传播到中国去，但仅凭一个人的力量是远远不能完成这个任务的。

抱着要使更多人都能接受留学教育这个目的，大学毕业后容闳很快回到了祖国。当时的中国，封建统治集团中以曾国藩、李鸿章为代表的一些思想开明的官僚正在提倡洋务运动。

在友人李善兰的介绍下，容闳在1863年当了曾国藩的幕僚，并被曾国藩任命为“出洋委员”，出国采购机器，筹办江南机器制造局。事成之后，曾国藩很赏识他，并专门为他向朝廷请赏，授以五品候补同知的官衔。

某天，容闳陪同曾国藩到江南机器制造局视察，趁曾国藩兴趣正浓，容闳提出在机器局附设机器学校的建议。曾国藩听后非常赞同并立即采纳。容闳接着进一步讲述了选派幼童出国留学的好处。因为此事关系重大，有方方面面的问题需要解决，所以没有立即实施。但容闳没有放弃，他又通过江苏巡抚丁日昌向清政府直接提出，建议派一批青少年出国留学，直接学习西方的科学技术，但仍然如泥牛入海，渺无回音。

1870年天津发生传教士风波，朝廷派曾国藩、丁日昌去天津与法国代表进行谈判。容闳作为丁日昌的翻译，也到了天津。容闳抓住机会，力促丁日昌向曾国藩提出选派留学生赴美学习的事情。

不久，曾国藩和总理衙门的大臣同意了此事，容闳就很快拟好了挑选幼童赴美留学的奏折，由曾国藩、李鸿章等人联衔具奏。到年底，同治皇帝批准了此议。接着，容闳又草拟了《挑选幼童赴美肄业章程》，规定每年要挑选30名10~16岁的幼童赴美学习，所需经费从中国海关收入中支付。幼童出国前先在上海学习一年英文。学成归国后由清政府任用。此时，清政府已任命容闳为赴美留学幼童的副监督，具体负责实施赴美留学的计划。

挑选赴美幼童是件很困难的事，容闳真是费尽了心力。因为当时中国人非常保守，许多人都把外国视为“蛮夷之地’，将出国视为“放逐”，所以有钱有势的人家是不让孩子出国的。

1872 年 8 月 11 日，由容闳具体挑选的 30 名贫苦人家的孩子在上海登船出洋。他们是近代中国第一批官费赴美留学生，其中有詹天佑、梁敦彦等。

孔子韦编三绝

孔子是我国古代著名的学者、伟大的哲学家和教育家，他的思想和精神早已成为中国古代文化的象征，对中国乃至世界都产生了深远影响。

孔子从小就死了父亲，家境贫寒，没有条件接受良好的教育，只能通过自学来求得知识，在学习中常常会碰到各种各样的难题，他从不气馁，一有机会就不耻下问，向旁人请教。他常说："三人行，必有我师焉。"刻苦好学便是他事业成功的秘诀。

有一次，孔子得到了一部名叫《周易》的书，这是一部充满神奇和奥妙的古代哲学著作，其中有迷信的部分，也有合理的部分，读起来十分难懂，当时许多有学问的人都不敢去研究它。但是孔子却没有因此而退缩，决心要读懂弄通。他把用竹木简写成的几十斤重的《周易》抱回了家，逐字逐句读了起来，一边读一边认真地思考，一遍读不懂，再读一遍；第二遍读不懂，再读第三遍……一天又一天，一夜又一夜，就这样不知读了多少遍。由于读的次数太多了，连穿在书上的牛皮带子都给磨断了多次，不得不换新的带子。经过长期的刻苦攻读，终于对《周易》作出了全面的解释，写成了《易传》一书。

由于孔子读《周易》时，多次翻断了牛皮带子，后来的人把这个故事编为一句成语，叫“韦编三绝”。

苏秦刺股

苏秦是战国时期洛阳人。早年十分好学，曾经拜鬼谷子为师，学到了纵横术，取得了较好的成绩。这时，他有点骄傲起来，想凭着自己的学问，去秦国自谋生路。他主张秦国与齐国、楚国等国家联合起来对付其他国家，实现列国统一。他连续给秦王写了十几封建议书，陈述他“连横”的见解，不料秦惠王根本不采纳他的建议。一年多时间过去了，他花光了所有的盘缠和银两，无法再住下去了，只好背着书，挑着行李，艰难地回到了家里。见他骨瘦如柴，一副狼狈不堪的样子，妻子在织布机上忙着织布，好像没有看见他似的；嫂子也不给他做饭；父母也不理睬他，都嘲笑他没有出息。苏秦感到非常惭愧。

苏秦受到挫折后，反复思索不成功的原因，认识到自己的不足，决心重新开始读书学习。从此以后，他不分白昼黑夜，发愤苦读。有时在书桌上睡着了。醒来之后，看到时间白白地过去了很多，感到非常痛心，但又找不到有效的办法来防止打瞌睡。

有一次，他读书时犯困了，身子就趴在桌子上。桌子上正好放着妻子做针线活用的一把锥子，刺中了他的手臂，疼痛一下子使他清醒过来。他看着锥子，忽然想出了一个奇妙的办法：用锥子扎自己的大腿，不是可以防止打瞌睡吗？

以后，每当夜晚困意来临的时候，他就拿起锥子，用力猛扎自己的大腿，使自己警醒。鲜血经常从腿上流到脚下。家里人见他这样，心中不忍，就劝他说："你不必这样来折磨自己，只要你痛改前非，认真读书，一定会有成就的。"苏秦回答道："我这样做，是为了不忘记过去的耻辱，促使我更加刻苦地读书啊！"

就这样，经过长期不懈的努力攻读，他发明了一套独特的学问——揣摩学。只要研究揣摩透了帝王的心思，对症下药，使自己的意见被接受，才华就能展现出来。于是，他第二次离家，游说六国，使赵、魏、韩、齐、楚、燕联合起来与秦国抗衡。苏秦终于得到六国君王的重用，身上佩挂六国的相印，有效地打击了秦国，使秦国因六国的"合纵"，连续十五年不敢侵犯六国。自己也成为了历史上著名的纵横家。《战国策》一书中，收有他的游说辞和书信 16 篇。

匡衡凿壁偷光

匡衡生长在东汉时期，祖祖辈辈务农，靠给别人干活过日子。但他人穷志不穷，从小就肯用功苦读，无钱买书，他就向别人借，但常常碰钉子，借不到书看。

匡衡同村有个财主，没有多少文化，但家中有许多藏书，匡衡得知后，就去给他家当长工，卖力干活，却不要工钱。财主感到奇怪，问他这是为什么？匡衡说："我来干活，不为别的，听说你家有很多书籍，只要你肯每天借给我几本书，我就心满意足了。"财主心想，家里的书没人看，放着也是落灰，借几本书换个不要钱的小长工，真是太合算了。于是当即点头答应。匡衡万分高兴，马上借了几本，干完活后，就如饥似渴地读了起来。

可是，没读一会儿，天就黑了，匡衡犯了愁。因为家里连糊口都不容易，哪能买得起油灯让他读书呀。他垂头丧气地合上书，准备上床睡觉，无意中发现邻居家的灯光透过自家的破墙缝照了进来，他喜出望外，悄悄找了个墙角，在邻居不易发现的地方，凿了一个不大不小的洞，让足够的光线透了过来。从此以后，每当夜幕降临，匡衡就对着洞口，借着邻居家的光偷偷认真读书学习，直到隔壁灭灯，才肯合书睡觉。

经过多年刻苦自学，匡衡终于成为汉代有名的经济学家。

孙敬悬梁苦读

汉朝有一个名叫孙敬的人，从小勤奋好学，十分喜欢读书。可是他家里非常穷，没有钱为他买纸和笔，他常常为没有纸和笔练字而苦恼。

有一天，他望着门前的小树发呆，忽然灵机一动，有了！这树枝不就是天然的笔吗？大地不是天然的纸吗？想到这，他立刻从家中搬来凳子，上去折下了一根小树枝，找了一个比较平的空地练起字来。练啊、练啊，一直练到天黑才回家。

孙敬渐渐长大了，学习也越来越刻苦了，他白天练字，晚上读书，几乎把所有的时间都用在学习上了，一年到头很少外出，人们给他起个绰号叫“闭户先生”。这天，孙敬和往日一样读书又读到了深夜，只觉得两眼昏花，脑袋发胀。他揉了揉眼睛，站起来活动了一下身体，又坐下继续读书。不一会，眼皮又重的抬不起来。他走到水缸前，舀了一瓢凉水，擦了一把脸，又喝了几大口，感到精神了许多。可坐下没读多长时间，眼皮又抬不起来了。

这下孙敬可着急了。怎么办呢？得找出一个防止瞌睡的办法来呀！他苦苦思索着。当看到悬挂在横梁上的竹篮时，便计上心来，他找出一条绳子，一头系在横梁上，另一头系住自己的头发，像竹篮一样吊在横梁上，只要一打瞌睡，头一低，绳子就会拽着头发使头皮很痛，睡意便顿时消失了，又可以重振精神继续读书了。

这一招果然真的有效。经过长期的悬梁苦读，孙敬终于成为了一名大学问家。

董遇“三余”读书法

董遇，东汉陕西弘农人，他从小酷爱读书。东汉末年，天下大乱，乱军到处杀人放火，加上连年大旱，五谷不收，关中地区尸骨遍野，董遇和他的哥哥实在呆不下去了，只好背井离乡，投靠亲友去了。

在远离家乡的一个朋友处定居下来。每天早上，他同哥哥一起上山打柴，以换取粮食谋生，生活十分艰苦。但每次出外干活，董遇总是随身带着书本，稍有空闲，就拿出来诵读。哥哥经常讥笑他说：“富人家的孩子不需操劳生活，有时间读书，将来好做官。我们却要天天干活来维持生活，读书能当饭吃吗？”

董遇听了，觉得也有些道理。但他热爱书本，总感到书本里讲的道理比干活还重要，所以，他从不在意哥哥说他什么，总是边干活边学习，还是利用空余时间来读书。冬天，大雪纷纷，寒风呼啸，屋子里没有一点热气，董遇搓着冻僵了的手，孜孜不倦地读着……

夜幕降临，劳动一天的人们早早地进入了梦乡，董遇却就着昏黄的油灯吟诗诵经……

阴天下雨，外面一片泥泞，人们收起了劳动工具，有的睡觉解困，有的三五成群地游戏，董遇却搬着那破旧的小桌，避过屋顶破洞滴下的雨滴，又埋头在书海里……

董遇就这样熟读了诸子百家的书，对《老子》、(左传)特别有研究。他还写了一本《朱墨别异》的书，就是对《左传》的学习研究心得，深受后人喜爱。

董遇的名声越来越大，成为三国时期的著名学者。人们纷纷邀请他去讲学，他总是对人们说："学习古书，先不要听人讲解，最好自己先读一百遍，读过一百遍，其中深奥的道理自然就明白了。"不少人听了都说："读一百遍，哪有那么多时间呢?"董遇深有体会地说："晚上，外面一片漆黑，不便干活，这是一天的空余时间；阴雨天，四处泥泞，无法外出，这是平时的空余时间；冬天，严寒刺骨，田里没有什么农活可做，这是一年的空余时间，如果充分利用了这三种空余时间，就不愁没有时间读书了。"

不少人按照董遇的"三余"读书法，读了很多的书，使自已成为了国家的有用之材。后人总结董遇的学习方法，写下了这样一首诗：

读书一百遍，其义就自见；人说苦无时，遇以“三余”劝；年、日、时之余，诵书上百遍。

司马光的"警枕"

司马光是宋代著名的文学家和历史学家，他有如此成就，是同他勤奋好学分不开的。

为了多学一些知识，司马光常常读书到深夜。有时白天读书太疲倦了，到了晚上眼睛就睁不开了，便迷迷糊糊地倒在床上，一觉睡到大天亮才醒。司马光常常因为晚上的时间被睡觉耽误而懊悔。他便想出一个好办法，自己锯了一段碗口粗的圆木，剥去树皮，削平树节，用这段圆木当枕头。木枕头又硬又圆，晚上睡觉只要一翻身，枕头就会滚到地上，发出响声，同时头部会跌落在床上被惊醒，他就可以起来继续读书了。采用这个办法，果然有效，再也没有出现睡过头的事了。日子久了，他和圆木枕头还有了感情，亲切地称它为"警枕"。

就这样，司马光利用“警枕”早起晚睡，勤奋苦学，获得了丰富的知识。经过十九年的努力，司马光主持编撰了二百九十四卷，约三百万字的历史巨著《资治通鉴》。

华罗庚自学成才

华罗庚是载入国际著名科学家史册的杰出数学家，他为我国科学事业的发展，做出了巨大贡献。华罗庚一生取得如此辉煌的成绩，是与他少年时期刻苦自学，勤奋努力分不开的。

1910 年 11 月 2 日，华罗庚出生在江苏金坛一个贫苦家庭。上学的时候，他最喜欢的就是数学，那些奇妙的数字，把他带进了数学王国。然而，由于家境的贫寒，华罗庚不得不放下书本，到小杂货店当学徒。虽然不能再上学了，但他从没有放弃学习数学。华罗庚好不容易借来一本《大代数》，一本《解析几何》，还有一本薄薄的《微积分》，便爱不释手地学了起来。有时顾客来买东西，他也听不见，大家看他痴痴的样子，便叫他“罗呆子”。他也因此失去了工作。

18 岁那年，初中时的王老师从国外留学归来，在金坛县中学当上了校长。王老师本来就十分喜欢天资聪明的华罗庚，见到华罗庚的悲惨处境，就请他到学校来当杂务工。华罗庚有机会到学校工作了。他勤奋肯干，认真做完工作后，就去听老师讲课，十分好学，学习进步得非常快。不久，王校长请他担任了补习班的辅导老师。

这时，华罗庚不幸染上了可怕的伤寒，骨瘦如柴。医生说已经没什么希望了。但奇迹在华罗庚身上出现了，他从死亡线上挣扎了起来。但他的左腿却变得僵硬强直，只好拿起手杖，一拐一拐地走路。

为了学习和生活，他又去学校继续干杂活。一天下来，腿钻心地痛，但他努力克制，学习从不间断，在昏暗的灯光下，不停地进行运算、论证。他坚信，世上的知识不只是在课堂上学得到，只要有决心，自学也能成才。

1930 年，上海《科学》杂志发表了他的第一篇论文，惊动了中国数学界，只有初中文化的华罗庚向大名鼎鼎的数学家提出了挑战。清华大学破例请他到学校工作和深造。1936 年又赴英国剑桥大学留学，他还被美国伊利诺大学聘为终身教授。1950 年他放弃了在国外优越的条件，为了祖国的需要，带领全家回到了北京。

华罗庚，这个出身贫寒的小学徒，凭着不屈不挠的毅力，通过刻苦自学，勤奋努力，克服了重重困难，终于成为世界瞩目的数学之星。

要吃穿靠双手

从前有兄弟两人。老大从小爱劳动，老二从小好吃懒做。当老父一死，老二提出分家，并把老大赶到山坡上去住，他自己就住在家里，田里的庄稼全部归他所有。

老大分了一把锄头、一把斧子就上了山。山坡上是一片荒地，他就用斧子砍了些树枝，搭了个草棚，住下了。第二天，天还未亮，他就起床，扛着锄头在山坡上开荒。就这样他早出晚归，开了一大片荒地，种上了高粱和玉米，收了不少粮食，日子过得真不错。老二好吃懒做，把剩下的粮食吃完了，地也荒了，日子没法过下去。他跑到山坡上去找老大借粮食，老大赶紧把一口袋粮食给了他。老二背着粮食回到家想：哥哥只分到一块荒地，怎么倒过上好日子了？准是爸爸给他留下什么宝贝了。于是他又找到哥哥问："父亲死前留给你什么宝贝？你有吃有穿的。”老大说：“是的，父亲给我留下了一棵摇钱树，我要吃要穿全靠它。”

“什么？摇钱树？这摇钱树是什么样的？”

“两个杈，每个杈上有五个芽，摇一摇，开金花，要吃要穿全靠它。”

老二回到家想：“我得想办法把摇钱树弄到自己院子来。有一天老二偷偷到老大家，乘哥哥不在，拿了锄头去山坡上找摇钱树，终于找到一棵同哥哥说得一样的小树。他赶紧刨出小树抱回家，把它种在院子里。刚种好，他就抱着小树摇晃开了，他摇啊，摇啊，以为树上一定能掉下钱来。可是从一大早摇到天黑，连个小钱也没掉下来。过了几天，老二又没吃的了，又去找哥借吃的，并忍不住问：“哥哥你的摇钱树怎么连一个小钱也掉不下来呀？”哥哥一听很奇怪，问：“你什么时候摇过我的摇钱树？”老二红着脸把偷树的事讲了。老大一听，笑了起来，说：“我的摇钱树，谁也偷不走！”老二马上说：“那你让我看看好吗？”老大伸出两只手说：“你看吧，这就是我的摇钱树。两只手不是像两个树杈吗？每个杈上五个芽，就是我手上的五个手指头啊！”老二糊涂了：“手怎么成了摇钱树啦？”“地是两手开，树是两手栽，房子是两手盖，衣服是两手裁，要吃要穿，全靠两只手。”

老二明白了，只有靠自己双手，辛勤劳动才能过上好日子。

从此，他也起早贪黑地好好劳动了。

好记性不如烂笔头

明朝著名文学家张溥，有一个闻名八方的“七录书斋”。这里有一个有趣的故事。

小时候的张溥，天资并不聪明，尤其是记忆力很差，读过的书转眼就忘了。但他是个有志气、有毅力的人。他知道自己的记忆力不如别人，并没有垂头丧气，而是努力设法克服这个缺点。心想：“别人读一遍，我读十遍还不行吗?”所以，每天放学后，别的小孩都出去玩了，他还在大声地背诵着课文，坚持练了一段时间后，确实进步不小，他感到很高兴。

有一天上课，老师叫他背诵课文，开始几段背得还比较流利，可一会就背不出来了。老师很生气，就用戒尺狠狠地打了张溥的手心，并罚他把这篇课文抄写十遍。

第二天，张溥把抄好的课文交给老师，老师又让他重新背诵，没想到全篇课文顺利背完了。老师非常满意。

回家的路上，张溥心想：奇怪，为什么这篇文章会背得这样熟呢？是不是昨晚抄写十遍的缘故呢？他决定用今天的作业试一试。回到家中，他先把课文通读一遍，然后就开始抄写，他一边写，一边在心里默读。当抄写到第五遍时，已基本能背诵了。抄到第七遍时，他感觉到自己已全部领会了课文的含意，并能熟练地背诵了。他高兴地说：“原来真是‘眼过千遍，不如手过一遍’，‘好记性不如烂笔头呀’！”

张溥终于找到了提高自己记忆力的方法，不论数九寒冬，烈日酷暑，他都坚持不懈地抄书、背书，学到了许多知识，成为很有名望的人。为纪念他自己独特的学习方法，张溥把自己的书房取名为“七录书斋”。他写的大部分诗文，都收集在《七录斋集》里，一直流传至今。

工人工程师侯德武

侯德武从一个只念过一年半书的放牛娃，成长为具有大学文化水平的工人工程师，成为“全国劳动模范”、“全国先进科技工作者”，这与他勤奋自学是分不开的。

1935年侯德武出生在吉林省磐石县的一个贫苦农民家庭。父亲给地主扛活，家里生活十分贫困，他从小当放牛娃念不起书。解放后他才上了学，可是只读了一年。从农村进了工厂以后，他参加了工厂办的扫盲班，重新获得学习的机会。他下决心刻苦学习文化知识，为此他克服了许多让人难以想像的困难，有时一项紧急任务几天几夜不睡觉，下班回来浑身酸痛，可是他仍然坚持去夜校学习，一学就是半夜。在业余大学学习的时候，每天走30多里的路，一年四季刮风下雨他从没有迟到或缺过课。就这样用了14年的时间坚持读完了小学、中学、大学的课程。

“文化大革命”以后，侯德武担任了厂革委会副主任、省委委员，他更加努力学习。他在自己的操作房里摆了一张工作台和两个卷柜，放满了各种书籍、图纸、技术资料、试验仪器。白天他和同志们一起劳动，处理公务，晚上就看书学习和进行技术研究。他读了大量的马列和毛主席著作，写下了十几万字的心得笔记。为了解决全厂技术改造中的各种难题，他对化工机械方面的新工艺、新技术进行广泛深入地钻研，很快侯德武就能够掌握车、钳、铣、刨、磨几个工种的操作技术，成了一名多面手工人，而且成为一个能独立设计、研究和指挥生产的化工机械工程师。侯德武有一个习惯：凡是带着行李外出，就用书当枕头，睡觉前就拿出一本看。他说：“社会在前进，技术在发展，生产中提出的问题愈来愈新，要不加紧学习，怎么能跟上前进的步伐?”

侯德武为了能掌握更多的知识，常常不分白天黑夜，不辞辛苦地学。他经常把图纸、模型、计算尺带在身上，在车站等车的片刻，他也要拿出来琢磨一阵子。有时躺在床上翻来覆去地思考一个问题，有了一点眉目，立即起身看书、画图或是跑到工厂做试验。

就是这样，他从一个原来只念过一年半书的普通工人，成长为一名为技术进步做出贡献的工人工程师。

谢定住打虎救母

明朝时候，河北省出了一个打虎救母的英雄，名叫谢定住。

谢定住出生在太行山下，从小死了父亲，靠母亲一人抚养几个年幼的兄弟，谢定住是老大，平时很懂事，也很勇敢。

不知从哪天起，太行山上下来一只凶猛的老虎。起先这只老虎只是晚上偷偷跑出来，溜进村里偷吃鸡鸭和猪狗。后来老虎白天也大模大样地走进村子里，人们都提心吊胆地过日子。

一天中午，谢定住和兄弟几个跟着母亲刚吃完中午饭，忽听远处传来一阵低沉的吼声，大榆树下拴着的一头水牛受到惊吓，挣脱绳子飞奔而去。谢定住和母亲非常着急，马上出去追牛。他们刚跑到大榆树下，只见一头凶猛壮实的老虎“哗”地一下从树后跳了出来，把谢定住母亲扑倒在地，张开血盆大口，正要朝她的后脑处咬去。在这万分危急关头，谢定住急忙从地上捡起一根粗大木棒，用尽全力朝老虎的腰部连打了几下。老虎吓坏了，夹着尾巴，大吼两声逃走了。谢定住扶起了母亲。

不料老虎没有逃远，它躲在树后，看没有危险，又跑了出来，从后面用两只脚搭在母亲肩上，要咬她的脖子。谢定住连忙又拾起那根粗木棒，对准老虎的脑袋狠狠地打了下去。老虎被打得眼鼻流血，痛得放下双脚，大吼一声，往树林中逃去。母亲吓坏了，谢定住却很镇定，安慰母亲说："不要怕，我不是已经打跑它两次了吗？如果它敢再来，我非把它打死不可。"这时，老虎又扑了下来，一口咬住母亲的腿。谢定住迅速从地上搬起一块大石头，对准老虎的脸使劲砸了下去。石头的棱角把老虎的两只眼睛砸得凸了出来，满脸是血。

老虎终于被打跑了，他们母子俩平安地回了家。谢定住勇敢打虎救母的事迹很快传到皇帝明成祖那里，皇帝十分佩服，在北京召见了谢定住母子二人，并赏了许多大米和白银，还在谢定住家门口建了一座牌坊，以示表彰。

人生的两个秘诀

30 年前，一个年轻人决定离开故乡，出外闯荡。临行前，心里难免有几分惶恐。于是，他拜访了本族的族长，请求指点。

老族长正在临帖练字，随手写了“不要怕”三个字送给年轻人说：“孩子，人生的秘诀只有六个字，今天先送你三个字，供你半生受用。”

30 年后，这个年轻人已人过中年，带着一身成就和一身伤痕回到了故乡。他再次去拜访那位族长。

接待他的是老族长的家人，告诉他老人家几年前已经去世。家人取出一个密封的信套来对他说：“这是老人家生前留给你的，他说里面装的是人生的另一半秘诀，等你回来时就交给你。”

这个年轻人拆开封套，里面赫然又是三个大字：“不要悔。”

生死8分钟

7月1日13时，国产某新机01号在某飞机集团公司的飞机试验机场执行“飞机加力边界”科目试飞任务。对飞机进行了起飞前的最后一次检查后，梁万俊坐进座舱。

“开车！”令下，飞机轰鸣着直刺苍穹……起飞一切顺利。梁万俊驾驶着飞机爬升至12 000米，距机场120公里。但当按规程做完加力边界动作后，梁万俊突然发现飞机推力下降，油量指示异常。仅3秒钟，油量表指示剩油550升。他意识到燃油输油系统可能出了问题。在立即向塔台指挥员汇报这一情况后，梁万俊冷静地关闭加力，将油门收到慢车状态。

“返航！”塔台指挥员作出判断。这时，供油箱的燃油只剩321升。两分钟后，油表指针停在0刻度上，发动机空中停车！此时，飞机高度为4 700米，距机场20多公里。重达数吨的飞机悬在了空中。

梁万俊望了望座舱外，一个单词在他大脑中突然出现——“空滑迫降”。但是，他不确定飞机的电量能否足够用来让飞机迫降，更何况飞机的空滑比还未测定，发生一点点疏忽都会导致机毁人亡。

迫降还是跳伞？在万里高空瞬息万变的紧急形势下，梁万俊果断决定——迫降，保住科研新机！在地面人员的指挥引导下，梁万俊准确地修正着飞机的速度和高度偏差，向机场方向疾驶而去。

1 分钟后，飞机出现在机场上空。“准备降落！”13 时 43 分，随着一声口令，梁万俊操纵飞机成大锐角、以每小时 361 公里的速度风驰电掣般扑向跑道。塔台内一片寂静。以超出正常降落速度 100 多公里的时速接地，所有的人都没有十分把握。

接地！由于速度较快，梁万俊使用了应急刹车，两主轮胎很快刹爆！机轮毂与跑道剧烈摩擦，冒着火花，拖出了两道长长的轮迹……13 时 44 分，飞机在距离跑道尽头 300 米处停住。塔台上一片欢腾。随后机务人员检查发现，是输油管故障导致燃油漏完。这种情况下，哪怕是晚发现几秒钟，都将造成不可想像的后果。

从报告空中停车到飞机停稳，梁万俊在 8 分钟内创造了国内外科研试飞史上远距离无动力迫降机场的传奇事迹。

从容面对人生的挑战

从前有个人，他在沙漠中迷失了方向，饥渴难忍，濒临死亡。可仍然拖着沉重的脚步，一步一步地向前走，终于找到了一间废弃的小屋。这间屋子已久无人住，风吹日晒，摇摇欲坠。在屋前，他发现了一个汲水器，于是使尽全力抽水，可滴水全无。他气恼至极。忽又发现旁边有一个水壶，壶口被木塞塞住，壶上有一张纸条，上面写着："你要先把这壶水灌进汲水器，然后才能打水。但是，在你走之前一定要把水壶装满。"他小心翼翼地打开壶塞，果然里面有一壶水。

这个人面临着艰难的抉择：是不是该按纸条上所说的，把这壶水倒进汲水器里？如果倒进去之后汲水器不出水，岂不是白白浪费了这救命之水？相反，要是把这壶水喝下去就能暂保自己的性命。一种奇妙的灵感给了他力量，他决心照纸条上说的做，果真汲水器中涌出了泉水。他痛痛快快地喝了个够！休息了一会儿，他把水壶装满，在纸条上加了几句话：“请相信我，纸条上的话是真的，你只有把生死置之度外，才能尝到甘美的泉水。”

涂油的老人

从前有一位老人，无论走到什么地方，身边总带一小罐油。

如果他走过一扇门，门上发出辗轧的响声，他就倒一点油在铰链上。如果他遇到一扇难开的门，他就涂一点油在门键上。他一生都在做这种涂油的工作，使他以后的人得到便利。人称他怪人，但这位老人依旧做他的润滑工作，罐子里的油用完了再装，装完了再用。

有许多人，他们每天的生活很不和谐，发出粗糙的碾轧声，他们需要喜乐、温暖、柔和关节的润滑油。你身上有没有油呢？从早到晚地分给别人，从你最近的人分起。也许你早晨分给他的油，可足够他一日的润滑之用。

雅 量

有一天，宋太宗在北陪园与两个重臣一起喝酒，边喝边聊。两臣喝醉了，竟在皇帝面前相互比起功劳来。他们越比越来劲，最后竟斗起嘴来，完全忘了在皇帝面前应有的君臣礼节。侍卫在旁看着实在不像话，便奏请宋太宗，要将这两人抓起来送吏部治罪。宋太宗没有同意，只是草草撤了酒宴，派人分别把他俩送回了家。第二天上午他俩都从沉醉中醒来，想起昨天的事，惶恐万分，连忙进宫请罪。宋太宗看着他们战战兢兢的样子，便轻描淡写地说："昨天我也喝醉了，记不起这件事了。"

善待别人

有一个农民费尽千辛万苦，找来些优质西瓜种子种下。邻居知道后，纷纷来打听优质种子的来源。农民怕大家都种出优质西瓜后自己有了竞争对手，于是便拒绝了。邻居们只好种以前的种子。到了夏天，满怀期盼的农民却发现自己收获的仍是劣质西瓜，比邻居的强不了多少。

农民非常困惑，请教一位专家。专家说："因为你的西瓜授的仍是邻居劣质西瓜的花粉。"

人们往往在嘲笑这个瓜农的同时也犯着同他一样的错误。许多人在与人相处的过程中，唯恐自己吃亏，不愿意帮助他人。其实每个人都是社会中的一员，与周围的事物不可避免地发生着联系和影响，对人多一份理解和宽容，其实就是支持和帮助自己，善待他人就是善待自己。如同古语说的那样：授人玫瑰，手留余香。

退避三舍

春秋时候，晋献公听信谗言，杀了太子申生，又派人捉拿申生的弟弟重耳。重耳闻讯，逃出了晋国，在外流亡十几年。经过千辛万苦，重耳来到楚国。楚成王认为重耳日后必有大作为，就以国君之礼相迎，待他如上宾。

一天，楚王设宴招待重耳，两人饮酒叙话，气氛十分融洽。忽然楚王问重耳："你若有一天回晋国当上国君，该怎么报答我呢?"重耳略一思索说："美女侍从、珍宝丝绸，大王您有的是；珍禽羽毛、象牙兽皮，更是楚地的盛产，晋国哪有什么珍奇物品献给大王呢?"楚王说："公子过谦了。话虽然这么说，可总该对我有所表示吧?"重耳笑笑回答道："要是托您的福，果真能回国当政的话，我愿与贵国友好。假如有一天，晋楚两国之间发生战争，我一定命令军队先退避三舍（一舍等于三十里)，如果还不能得到您的原谅，我再与您交战。”四年后，重耳真的回到晋国当了国君，就是历史上有名的晋文公。晋国在他的治理下日益强大。

公元前633年，楚国和晋国的军队在作战时相遇。晋文公为了实现他许下的诺言，下令军队后退九十里，驻扎在城濮。楚军见晋军后退，以为对方害怕了，马上追击。晋军利用楚军骄傲轻敌的弱点，集中兵力，大破楚军，取得了城濮之战的胜利。

感恩

人的一生中总会接受别人友善的帮助，而“知恩图报”又是每个人都明白的道理。但有的人却不这样做，他将这种帮助当成应该的，很快忘在了脑后；还有的人不仅不去报答对方，反而恩将仇报。当然，更多的人将这种帮助铭记在心，时刻想着回报对方。

阿牛六岁时失去父母，和年迈的奶奶生活在农村。阿牛长得瘦小，胆量也小，村里的孩子常欺负他。

一次，阿牛放学回家，几个比他大的孩子将一条死了的大青蛇放在路中央。阿牛远远看到后，立即掉头走另一条路。但是那几个孩子仍然故意跟他过不去，赶在他前面又把蛇摆在了路中央。阿牛只得又掉头。如此反复了几次，他也没能回家。阿牛无助地蹲在离蛇几米远的地方哭起来。这时，同村一位

30多岁的妇女路过，明白怎么回事后，把蛇踢得老远，嘴里一个劲地骂那几个孩子。

妇女拍拍阿牛的头，让他赶紧回家。从那天起，阿牛每天利用放学的时间捡一捆柴火放在妇女家门口。妇女发现送柴的人是阿牛时，对他说："孩子，你不必这样做，那天的事对于我来说是举手之劳。"阿牛不说话，只是一如既往地给妇女送柴火。

多年后，奶奶去世了，阿牛也考上大学要离开农村了，临行前阿牛来到妇女家说，他会回来看她的。

阿牛没有失信，他每年都回来看望那个妇女。

"滴水之恩，不忘涌泉相报。"对于受助者来说，不需要考虑给你恩惠的人付出了多少，应该清楚自己接受恩惠后得到了什么，如何尽力去报答。

桃李不言 下自成蹊

西汉时候，有一位勇猛善战的将军，名叫李广。他一生跟匈奴打过70多次仗，战功卓著，深受官兵和百姓的爱戴。李广虽然身居高位，统领千军万马，是保卫国家的功臣，但他一点也不居功自傲。他不仅待人和气，还能和士兵同甘共苦。每次朝廷给他的赏赐，他首先想到的是他的部下，就把那些赏赐统统分给官兵们；行军打仗时，遇到粮食或水供应不上的情况，他自己也同士兵们一样忍饥挨饿；打起仗来，他身先士卒，英勇顽强，只要他一声令下，大家个个奋勇杀敌，不畏牺牲。

后来，当李广将军去世的噩耗传到军营时，全军将士无不痛哭流涕，连许多与大将军平时并不熟悉的百姓也纷纷悼念他。在人们心目中，李广将军就是他们崇拜的大英雄。汉朝伟大的史学家司马迁在为李广立传时称赞道："桃李不言，下自成蹊。"意思是说，桃李有着芬芳的花朵，甜美的果实，虽然它们不会说话，但仍然会吸引人们到树下赏花尝果，以至树下都走出一条小路。李广将军就是以他的真诚和高尚的品质赢得了人们的崇敬。

一根鱼竿和一篓鱼

从前，有两个饥饿的人遇到了一位长者。长者给了他们两样东西：一根鱼竿和一篓鲜活硕大的鱼，任选其一。

一个人要了一篓鱼，另一个人要了一根鱼竿，于是他们分道扬镳了。

得到鱼的人原地用干柴搭起篝火煮起了鱼。他狼吞虎咽，还没有品出鲜鱼的肉香就把鱼吃完了，接着把汤也喝了个精光。不久，他便饿死在空空的鱼篓旁。另一个人则继续忍饥挨饿，他提着鱼竿一步步艰难地向海边走去。可当他看到不远处那片蔚蓝色的海洋时，他浑身的最后一点力气也使完了，只能眼巴巴地带着无尽的遗憾撒手人寰。

后来，又有两个饥饿的人，他们同样得到了长者恩赐的一根鱼竿和一篓鱼。只是他们并没有像前两个人那样各奔东西，而是商定共同去找寻大海。他俩每次只煮一条鱼。经过遥远的跋涉，终于来到了海边。从此，两人开始了合作捕鱼为生的日子。几年后，他们都过上了幸福安康的生活。

挑水与掘井

有两个和尚住在隔壁，所谓隔壁就是隔壁那座山，他们分别住在相邻的两座山上的庙里。这两座山之间有一条溪，这两个和尚每天都会在同一时间下山去溪边挑水，久而久之他们变成了好朋友。

就这样，不知不觉已经过了五年。突然有一天左边这座山的和尚没有下山挑水，右边那座山的和尚心想："他大概睡过头了。"便不以为然。

哪知道第二天左边这座山的和尚还是没有下山挑水，第三天也一样，过了一个星期还是一样。直到过了一个月，右边那座山的和尚终于忍不住了，他心想："我的朋友可能生病了，我要过去拜访他，看看能帮上什么忙。"

于是他便爬上了左边这座山，去探望他的老朋友。

等他到了左边这座山的庙，看到他的老友之后大吃一惊，因为他的老友正在庙前打太极拳，一点也不像一个月没喝水的人。他很好奇地问：“你已经一个月没有下山挑水了，难道你可以不用喝水吗？”左边这座山的和尚说：“来来来，我带你去看。”于是他带着右边那座山的和尚走到庙的后院，指着一口井说：“这五年来，我每天做完功课后都会抽空挖这口井，即使有时很忙，能挖多少就算多少。如今终于让我挖出井水，我就不用再下山挑水，可以有更多时间练我喜欢的太极拳。”

自己才是一支箭

春秋战国时期，一位父亲和他的儿子出征打仗。父亲已做了将军，儿子还只是马前卒。又一阵号角响起，父亲庄严地托起其中插着一支箭的箭囊，递给儿子，并郑重地对儿子说："这是家袭宝箭，佩带身边，力量无穷，但千万不可抽出来。"那是一个极其精美的箭囊，厚牛皮打制，镶着幽幽泛光的铜边。再看露出的箭尾，一眼便能认定用上等的孔雀羽毛制作。儿子喜上眉梢，贪婪地推想箭杆、箭头的模样，耳旁仿佛嗖嗖箭声掠过，敌方的主帅应声折马而毙。

果然，佩带宝箭的儿子英勇非凡，所向披靡。当鸣金收兵的号角吹响时，儿子再也禁不住得胜的豪气，完全背弃了父亲的叮嘱，强烈的欲望驱赶着他呼的一声就拔出宝箭，试图看个究竟。骤然间他惊呆了。一支断箭，箭囊里装着一支折断的箭。“我一直挎着支断箭打仗呢！”儿子吓出了一身冷汗，仿佛顷刻间失去支柱的房子，轰然意志坍塌了。

结果不言自明，儿子惨死于乱军之中。

拂开蒙蒙的硝烟，父亲拣起这支断箭，沉重地啐一口道：“不相信自己的意志，永远也做不成将军。”

借助外力

一个小男孩在他的玩具沙箱里玩耍。沙箱里有他的一些玩具——汽车、敞篷货车、塑料水桶和一把亮闪闪的塑料铲子。在松软的沙堆上修筑公路和隧道时，他在沙箱的中部发现一块巨大的石头。

小家伙开始挖掘石头周围的沙子，企图把它从沙箱中弄出去。他是个力气很小的小男孩，而石头却很大。手脚并用，似乎没有费太大的力气，岩石便被他连推带滚地弄到了沙箱的边缘。不过，这时他才发现，他无法把岩石向上滚动、翻过沙箱边墙。

小男孩下定决心，手推、肩挤、左摇右晃，一次又一次地向石头发起冲击。可是，每当他刚刚觉得取得了一些进展的时候，石头便滑脱了，重新掉进沙箱。

小男孩急得哼哼直叫，拼出吃奶的力气猛推猛挤。但是，他得到的唯一回报便是石头再次滚落回来，砸伤了他的手指。最后，他伤心地哭了起来。这整个过程，男孩的父亲从起居室的窗户里看得一清二楚。当泪珠滚过孩子的脸庞时，父亲来到了跟前。父亲的话温和而坚定："儿子，你为什么不用上所有的力量呢?"

垂头丧气的小男孩抽泣道："我已经用尽全力了，爸爸，我已经尽力了！我用尽了我所有的力量!""不对，儿子!"父亲亲切地纠正道，"你并没有用尽你所有的力量，你没有请求我的帮助。"说着，父亲弯下腰，将石头搬出了沙箱。

甲父史与公石师

越国人甲父史和公石师各有所长。甲父史善于计谋，但处事很不果断；公石师处事果断，却缺少心计，常犯疏忽大意的错误。因为这两个人交情很好，所以他们经常取长补短，合谋共事。他们虽然是两个人，但好像是一个心。这两个人无论一起去干什么，总是心想事成。

后来，他们在一些小事上发生了冲突，吵完架后就各奔东西了。当他们各自行事的时候，都在自己的政务中屡遭败绩。

一个叫密须奋的人对此感到十分痛心。他规劝两人说："你们听说过海里的水母没有？它没有眼睛，靠虾来带路，而虾则分享着水母的食物，这二者互相依存，缺一不可。恐怕你们还没有见过双方不能分开的另一典型例子，那就是西域的二头鸟。这种鸟有两个头生长在一个身子上，但是彼此妒忌、互不相容。两个鸟头饥饿起来互相啄咬，其中的一个睡着了，另一个就往它嘴里塞毒草。如果睡梦中的鸟头咽下了毒草，两个鸟头就会一起死去。它们谁也不能从分裂中得到好处。下面我再举一个人类的例子。北方有一种肩并肩长在一起的‘比肩人’。他们轮流着吃喝、交替着看东西，死一个则全死，同样是二者不可分离。现在你们两人与这种‘比肩人’非常相似。你们和‘比肩人’的区别仅仅在于，‘比肩人’是通过形体，而你们是通过事业联系在一起的。既然你们独自处事时连连失败，为什么还不和好呢？”

甲父史和公石师听了密须奋的劝解，对视着会意地说：“要不是密须奋这番道理讲得好，我们还会单枪匹马受更多的挫折！”于是，两人言归于好，重新在一起合作共事。

阮裕焚车

晋代的阮裕是一个以德行闻名于天下的人。他曾有一辆很漂亮的车子，结构结实、造型美观。尽管他把这辆车视为珍宝，但无论谁借车子，他都十分爽快地答应。

阮裕的一位邻居的母亲去世了，在为母亲送葬的时候，邻居很想跟阮裕借车子。但他转念一想，死人是很不吉利的一件事情，如果跟阮裕借车子来为自己的母亲送葬，阮裕万一不借该怎么办……最后，邻居还是放弃了向阮裕借车的想法。

后来，这件事传到了阮裕的耳朵里，阮裕十分难过，觉得很对不起那位邻居。他走到自己的车子前，抚摸着车辕，叹息着说：“唉，我有车子就是为了方便大家，现在却让人不敢借用，还要这个车子干什么！”说罢，阮裕放火把心爱的车子烧掉了。

所有知道这件事的人无不感叹，阮裕的确是一个心底无私、品德高尚的人。

三个旅行者

三个旅行者同时住进了一家旅馆。早上出门时，一个旅行者带了一把伞，另一旅行者拿了一根拐杖，第三个旅行者什么也没拿。

晚上归来的时候，拿伞的旅行者淋得浑身是水，拿拐杖的旅行者跌得满身是伤，而第三个旅行者却安然无恙。

为什么第三个旅行者能够安然无恙呢？看看他们在雨中的表现。

拿伞的人说："当大雨来临时，我因为有了伞大胆地在雨中走，却不知怎么淋湿了；当我走在泥泞的路上，因为没有拐杖，所以走的非常仔细，就没有摔伤。"

拿拐杖的人恰恰相反，没有淋湿却满身是伤。

第三个人说："这就是我安然无恙的原因。当大雨来时我躲着走，当路不好时我小心地走，所以我没有淋湿也没有跌伤。"

从学士到博士

一位留美的计算机博士，毕业后在美国找工作，结果好多家公司都不录用他。思前想后，他决定收起所有证明，以一种最低身份再去求职。

不久，他被一家公司录用为程序输入员，这对他说简直是高射炮打蚊子，但他仍干得一丝不苟。不久，老板发现他能看出程序中的错误，非一般的程序输入员可比，这时他亮出学士证，老板给他换了个与大学毕业生对口的岗位。

过了一段时间，老板发现他时常能提出许多独到的有价值的建议，远比一般的大学生要高明。这时，他又亮出了硕士证，于是老板又提升了他。

再过一段时间，老板觉得他还是与别人不一样，就对他质询，此时他才拿出博士证，老板对他的水平有了全面认识，毫不犹豫地重用了他。

实践出真知

两个不曾相识的砍柴人经常在山上不期而遇。年轻的一位发现老者常常来的很晚却走的很早，一副悠然自得的样子，但每次砍的柴总比自己的多。

一开始他以为老者的斧子磨得比自己的快，或者总是选择较松软的柴来砍……慢慢的他发现并非如此，经过仔细观察，他发现老者的砍柴方法和自己的不同：自己总是朝一处用力砍，而老者却是围着树砍；自己在遇到树节时总是尽可能避开树节，斧子却常常被卡住，而老者却总是从有节的地方下手。

原来，按照人们的习惯做法，没有节的树干比较容易被砍断。实际上，有节的地方虽然坚硬些，却更容易折断，有时找准其脆弱点，稍加用力就可以砍断。

其实，很多时候，我们在面临诸如树节的难题时，经常会自觉不自觉地采取回避的做法，而且还认为自己做得很正确，却不知只需打破常规，努力一试，就能得到令人惊喜的成功，有时方法比想法更重要。

渴望创新的人不妨学学老者，试着将斧子砍向看似坚硬无比的树节，砍碎那些僵化的习惯方式，成功的芬芳自然会随之而来。

相知相助

春秋时鲍叔牙和管仲是好朋友，二人相知很深。

他们俩曾经合伙做生意，一样地出资出力，分利的时候，管仲总要多拿一些。别人都为鲍叔牙鸣不平，鲍叔牙却说，管仲不是贪财，只是他家里穷。

管仲几次帮鲍叔牙办事都没办好，三次做官都被撤职，别人都说管仲没有才干，鲍叔牙又出来替管仲说话：“这绝不是管仲没有才干，只是他没有碰上施展才能的机会而已。”

更有甚者，管仲曾三次被拉去当兵参加战争而三次逃跑，人们讥笑地说他贪生怕死。鲍叔牙再次直言：“管仲不是贪生怕死之辈，他家里有老母亲需要奉养啊！”

后来，鲍叔牙当了齐国公子小白的谋士，管仲却为齐国另一个公子纠效力。两位公子在回国继承王位的争夺战中，管仲曾驱车拦截小白，引弓射箭，正中小白的腰带。小白弯腰装死，骗过管仲，日夜驱车抢先赶回国内，继承了王位，称为齐桓公。公子纠失败被杀，管仲也成了阶下囚。

齐桓公登位后，要拜鲍叔牙为相，并欲杀管仲报一箭之仇。鲍叔牙坚辞相国之位，并指出管仲之才远胜于己，力劝齐桓公不计前嫌，用管仲为相。齐桓公于是重用管仲，果如鲍叔牙所言，管仲的才华逐渐施展出来，终使齐桓公成为春秋五霸之一。

成就朋友的一生

战国时期，有两位好朋友，同受业于当时的名师鬼谷子的门下，他们就是历史上有名的说客苏秦和张仪。

苏秦出道较早，成功也来得顺利，而张仪初出道时较为平庸，郁郁不得志。看到苏秦已成大事，便想投身门下，找到一条晋升的捷径。可是，当他来到苏秦的门下，期望求取晋见时。一连几天，苏秦也没有来见他。又过了几日，苏秦的属下才安排他住下来。苏秦没有热情地款待昔日的同门。吃饭的时候，不但没有同坐，还安置他坐在最末的位子，吃着仆役们才吃的粗饭。苏秦还经常用话语去羞辱他，说："以阁下的才干，怎么会潦倒到如此田地呢？我实在没有法子帮你，你还是靠自己的运气吧！祝你好运了。"

远道而来的张仪，满以为见到老朋友之后，一定会得到热情的招待和帮忙的，没想到反而招来一番羞辱。于是，他愤怒地离开了苏秦的住处，要凭着自己的才能，与苏秦一争高下。

当张仪走了以后，苏秦又暗中派人沿途用金钱接济他，支持他进行游说秦国的工作。苏秦的门人们很奇怪，纷纷问苏秦是怎么回事，苏秦说："张仪的才干，在我之上，我怕他为了贪图一时的眼前小利，过分安于现状而丧失了斗志。所以，我侮辱了他一番，以便激起他的上进心。"后来，张仪果然成就了一番事业。

石䄂大义灭亲

春秋时期，卫国大夫石䄂有个儿子名叫石厚。石厚经常与卫庄公宠妾生的儿子州吁在一起习武、玩耍，两人关系非常亲密。石䄂再三告诫儿子不要和州吁在一起玩，这样玩下去早晚会惹出事端。但石厚固执己见，对父亲的话根本听不进去，全当作了耳边风。

后来，卫庄公因病去世，由卫桓公继任王位。卫桓公继位没有多久，石䄂因年纪太大，便告老还乡，回老家养老去了，再也不问国家政事。

几年后，在石厚的唆使下，州吁同意合谋篡位，毒死了卫桓公，自己坐上了王位。他们的做法遭到了文武百官和老百姓的反对和斥责，州吁为此事惶恐不安，不知如何是好。这时，石厚又出了一个主意，说他父亲石䄂在朝廷内外威望很高，很受文武百官的敬重，如能请他出来辅政，谁也不敢非议了。

州吁听了石厚的话非常赞同，便拿出一对白璧，派石厚带去赠送石鹊，再请石鹊到朝里辅佐朝事。石厚见到父亲石鹊后，说明了情况。石鹊推说自己年老多病，不能回朝。石厚只得失望而归。

不久，州吁又命石厚来向石鹊请教如何巩固王位，石鹊说：“诸侯继位，必须得到周天子的同意。周天子同意了，众人也就会绝对服从。”

石厚担心周天子不同意，要石鹊帮助向周天子说情。石鹊说：“陈国的桓公与周天子关系很好，只有请他才能说情，我与桓公也有点交情，你可到陈国去，请陈桓公在周天子那里说情，然后再去拜见周天子，这样就可能得到批准。”

州吁听石厚说明一切后，觉得是个好主意，就带上厚礼去陈国拜访桓公。

与此同时，石鹊也给陈国大夫子睨（nì）写了一封密信，要他为卫国臣民除害，斩了州吁和石厚。州吁和石厚到陈国时，子睨已收到石鹊的密信。经陈桓公批准，待州吁和石厚一到陈国，子睨就派人把他俩带到太庙。

来到太庙，子睨忽然大声喝道：“周天子有令：捉拿弑君乱国之贼！”两旁的武士一拥而上，将州吁和石厚捆绑了起来。

陈桓公想将两人马上斩首，但子睨认为石厚是石鹊的儿子，杀他不太妥当，还是让卫国来处理这件事。石鹊获知情况后，果断地说："州吁和石厚犯的都是死罪，并且州吁的罪过是石厚怂恿而成的。我不能因为私情而忘了大义。"随后，石鹊派家臣前往陈国执法。

家臣到了陈国后，先斩了州吁，接着就杀了石厚。

毛泽东和齐白石

毛泽东与齐白石都是湖南湘潭人，一个是叱咤风云的革命领袖，一个是水墨丹青的一代宗师。建国前后，毛泽东虽日理万机，但对齐白石却关怀备至，曾亲自写信邀请他以无党派人士的身份，参加新政协会议，共商建国大事。还邀请他到家中共叙家乡情谊，并叮嘱他注意饮食，保重身体。

1950 年春，毛泽东以“老乡”的身份，邀请齐白石到香山双清别墅赏花品茗。初春的香山，阳光明媚，桃李争妍，春意盎然。看到这美好的景色，齐白石情不自禁地说：“只有中国共产党能够收拾破碎河山，共产党了不起，毛主席了不起。”毛泽东听后说：“真正了不起的是人民。人民要和平，和平就一定能实现，谁敢逆潮流而动，只能碰得头破血流。”

赏花之后，毛泽东特意准备了几样家乡菜与齐白石共进晚餐。席间毛泽东风趣地说：“你原名纯芝，我原名润芝，小名都是阿芝，你我可称得是同乡兄弟。你年长，我该尊你声老哥哟!”说罢两人都哈哈大笑起来。齐白石赞扬毛泽东是“有道仁君”，是足以使家乡人感到自豪的“大能人”。毛泽东摆摆手说：“咱们是各有短长，你我都是用自己的知识专长为人民服务嘛。”

齐白石说起了自己在艺术上的“衰年变法”，主张人要有革新精神。毛泽东非常赞同，说他自己也在变，宇宙万物都在变，人生在世，就要不断学习和改造，不断接受新生事物，在新的时代，为新的社会服务。

齐白石说：“在我的余年里，要为这个太平盛世多多出力，多画些美好的东西。”毛泽东十分赞成地说：“中国画艺术，历史悠久，是中华民族的宝贵遗产，要好好挖掘整理，继承发展，传给子孙后代。我们共产党要比历代皇帝，比国民党更加重视中国画。”

从这次相聚之后，毛泽东当上了齐白石艺术的收藏鉴赏家。逢年过节，齐白石都要挑上一两件称心之作送给毛泽东，以表达对毛主席的敬爱，感激毛主席对自己的关怀和教导，对国画艺术的鼎力支持。

齐白石赠给毛泽东的书画、篆刻作品，现在大部分已作为国宝，捐献给了国家。

史可法报效师恩

史可法，明朝末年人。幼时刻苦好学，读遍了儒家经史。因家境贫困，上京赶考时，无钱住店，只好寄住古庙内。一日，风雪严寒，主考官左光斗巡视应试考生住地。当他走进史可法所住的古庙时，史可法因温习功课，疲倦地伏在桌子上睡着了。左光斗顺手翻阅放在一旁的文稿，看后十分惊喜地说："这孩子很有才气，学习很用功，这么冷的天，睡在这里，会冻出病来的。"但又不忍心将他叫醒，就脱下自己的披风，轻轻盖在史可法的身上，慢慢退出房间，将门掩好。他从和尚的口中得知，这个考生的名字叫史可法。

开考后，史可法以他精彩的文笔，生动丰富的内容，考取了顺天府秀才第一名。

考试结束召见时，左光斗亲切地叫到："孩子，你天资很高往后只要好好用功读书，就能成为国家的栋梁之材！”

史可法早就听说过左光斗的大名，激动地说：“我一定努力学习，不辜负大人的殷切期望。”

左光斗得知史可法家里比较贫寒，就让他搬到自己家来住，供给他膳食，不收分文。一有空就指点他如何读书，教诲他怎样做人。并对妻子说：“将来继承我志向的人，只有史可法了。”

1624 年，担任御史的左光斗，同杨涟等几位大臣，冒着生命危险向皇帝上书，揭露魏忠贤祸国殃民的罪行，遭到魏忠贤的陷害，被捕入狱，惨遭迫害。

史可法敬重老师忧国忧民的情怀和刚烈忠义的气概。为营救老师，他多处奔走，但无济于事。当他得知老师在狱中生命垂危时，不顾个人安危，恳求狱吏帮助，乔装扮成清扫夫混进狱中探望老师。

左光斗在狱中见到史可法，又感动又生气地说：“魏忠贤正在大搞株连，凡与我有关的人都惨遭迫害，你来狱中岂不是自投罗网，赶快走吧！”

史可法表示要留下照顾老师，与恩师共生死。左光斗厉声说道：“如今奸党横行，国家大事坏到这种地步，我已经不行了，望你能承担起救国救民的重任，而你居然轻重不分，国家大事依靠谁呢？”史可法还是不忍心离去。左光斗更急了，说：“你若不离去，与其等奸党对你下毒手，不如我现在就处治你。”说着就举起身上的铁链，比划着要向史可法头上打去。史可法深知老师对自己的厚望，只好跪下向老师叩头。哭着说：“恩师的教诲我铭记在心，您千万要保重啊！”说完忍痛离开了牢房。

左光斗被害以后，史可法不怕受到株连，毅然为老师收尸埋葬，料理一切后事。他满怀激愤，决心要继承师志，有所作为。从此，他更加刻苦读书，努力进取，1627 年他中了举人，第二年又考中进士。后来到朝廷做官，他廉洁奉公，为老百姓做了很多好事。他认为，只有这样，才能报答恩师的教诲。在保卫扬州的战斗中，他浴血奋战，决不投降，成为一位很有气节的民族英雄。

颜回敬师如父

孔子率领他的学生周游列国，在去陈国和蔡国的路上被困。随身带的干粮吃完了，一连七天没吃上一口饭，孔子饿得实在受不住了，只好白天黑夜都躺在床上睡觉，借此来忘掉饥饿。望着老师饿得一天天消瘦下去，颜回心里非常难受和着急。他想：我们这些年轻人身强力壮，或许还能挺一段时间，但上了年纪的老师，怎么能受得住呢？

颜回想来想去，也没想出一个好办法，只好向别人讨饭了。但讨饭是不光彩的事，为了老师不再受饿，他也顾不了那么多了。他端着碗沿街乞讨，一位好心的婆婆见他饿成这个样子，就给了他半袋大米。

颜回手捧大米，向老婆婆深深地鞠躬致谢，高高兴兴地把米拿回来，急忙劈柴生火，煮起饭来，不一会儿，锅中就冒出一股米饭熟了的香气。

这时孔子正好醒了，突然闻到扑鼻的饭香，他很奇怪，便出来探视。刚一跨出房门，就看见颜回从锅里抓了一把米饭往嘴里塞。孔子非常生气，心想：颜回怎能这样无礼，有了饭没叫大家一起来吃，怎么就自己先吃呢？看他怎么向我解释。想着便重新回到屋里。

过了一会儿，颜回恭恭敬敬捧着一大碗香喷喷的米饭，送到孔子面前说："今日遇到一位好心的婆婆，送给我们一些大米，现在做好了，请老师先吃吧。"孔子站了起来说："我刚才梦见了你去世的父亲，让我用这来之不易的米祭奠他老人家。"

颜回急忙说："不行，这米饭是给老师您吃的，等以后米多时，我再孝敬他老人家吧！"

孔子说："不行，应该先敬你自己的生身父亲呀！"

颜回见老师不肯吃饭，想了想说："这饭不干净，不能用来祭奠。"

孔子问："怎么不干净呢？"

颜回答道："刚才煮饭时，炉火不旺，我趴在地上吹火，不小心将一块炭灰吹进了锅里，如果把饭倒掉，太可惜了，不倒吧，总不能让老师吃脏饭呀。所以，我就把沾了炭灰的米饭吃了。这粘过炭灰的饭是不能用来祭奠的！"

孔子听了这番话，知道自己误解颜回了，他激动地拉着颜回的手说："你真是一个贤德懂事、待师如父的人啊！"

闵损劝父留母

闵 (mǐn) 损，字子骞 (qiān)，周时山东曲阜人。幼时，他聪明好学，深受父母的喜爱。可是不久，疼爱他的母亲因病离他而去，生活中少了一位照顾他、夜晚常给他讲故事的好妈妈。

妈妈去世后，爸爸又娶了一位妻子。刚开始继母对他还不错。常带他去小河抓鱼、做游戏。一年后，子骞的第一个弟弟出生了，新妈妈对他的关心少了许多；又过了一年，第二个弟弟出生，他的快乐就没有了。两个弟弟总是站在一起，什么都与他抢，弟弟一哭，新妈妈就不问青红皂白，抓住子骞就打，轻则掴他几巴掌，重则一顿棍子，身上经常是青一块、紫一块，对这一切，子骞并没有怨恨，对继母还是一样孝顺，对弟弟的爱护还是一样有增无减。

每一次爸爸外出，幼小的子骞都要站在门口目送爸爸走得很远，盼望着爸爸早日回家。爸爸则在每次出门前都叮嘱他的继母："手心手背都是肉，三个孩子都是我的骨肉，你要多照顾子骞，因为他没有亲妈妈。"新妈妈总是笑着回答："你放心走吧，我会很好照顾他的。"爸爸走后，继母照样有好吃的偷偷给两个弟弟吃，有好玩的给两个弟弟玩，有时子骞连饭都吃不饱，还经常遭继母的毒打。邻居奶奶、阿姨都很同情他，常把他带到自己家里给擦点儿药疗伤，并告诉他："子骞，你有事要告诉你爸爸，再这样下去，你会被继母打死的。"子骞总是解释道："爸爸在外面已经很辛苦了，总不能让他在外面再为我们操心呀。"子骞在泪水和棍棒中一天天长大了。

一年冬天，爸爸坐车外出，让他们兄弟三人在前面驾车。风吹得子骞浑身发抖，双手冻得连缰绳都拿不住，车子差一点就翻了。爸爸十分生气，就用鞭子抽打子骞。子骞一声不吭，忍受着爸爸的鞭打。鞭子抽破了子骞的棉衣，芦花纷纷从棉衣中飞扬出来，爸爸才发现原来他的棉衣是芦花做的。再撕开两个弟弟的衣缝，里面全是厚厚的丝绵。爸爸紧紧搂住子骞说："孩子，几年来你一定受了不少苦，你怎么不跟爸爸说呢？"

爸爸气得当即回家，指着子骞肩上露出的芦花对妻子说："你走吧，子骞这几年不知受了你多少折磨，我要是留下你，子骞还要受更多的折磨，我怎么对得起他死去的妈妈呀！"继母自知有愧，站在那里说不出一句话来。子骞见了心里很不是滋味，便跪在父亲面前，泪流满面，为继母求情说："爸爸，继母在的时候，顶多是我一个人挨冷受冻，如果继母走了，你的三个孩子都没人管了，都得挨冻。请爸爸原谅继母吧。"父亲见他的话说得诚恳而又通情达理，也就原谅了继母。

继母听了子骞小小年纪说出这样感人的话，也改正了自己的错误。从此，一家人和和气气，幸福地在一起生活了。

子骞长大后，跟随孔子求学，业精德高，成为七十二贤人之一。

黄香扇枕温席

黄香，湖北江夏人，东汉时的大臣。黄香从小就博览群书，深知“百行之首，以孝为先”的道理。九岁时母亲病重，小黄香日夜服侍在左右，一直到母亲病故。每当提起母亲他都禁不住失声痛哭，他一直深深怀念着自己的母亲。

母亲去世后，黄香一心侍奉父亲，极尽孝道。自己虽年幼体弱，但不忍心让父亲一个人受苦，脏活累活抢着去做，甘心以身代劳。父亲体恤他年幼体弱，也万分钟爱，每次见他干活，都要加以阻止，怕累坏了他的身体。父子二人就这样相依为命。

烈日炎炎的夏季来临时，屋里闷热，而且蚊子还很多。晚上为了让父亲睡好觉，黄香每晚早早地守在床边，用扇子把床席、枕席扇凉，把蚊子扇跑，使父亲能够睡一个安稳的好觉。

到了寒风刺骨的冬天，为了使父亲不挨冷受冻，在父亲睡前他自己先脱掉衣服，钻进父亲的被窝里，用自己的体温将被窝暖热后，再让父亲睡下，唯恐父亲受凉。

小黄香热爱父母，体贴入微地照顾父母，人们称颂他为“天下无双，江夏黄香”。他的“扇枕温席”的美谈，一直传颂至今。

谎言因爱而美丽

一对农民老夫妇随儿子搬到城市居住。儿子是记者，常常在外面采访，中午不回家；媳妇单位离家远，中午无法回家；孙子在幼儿园，中午也不在家。老两口每天的中午饭总是对付。儿子一想这些就心疼且着急，想让父母吃好每一顿中午饭。但不管怎么劝，父母就是“我行我素”。

儿子和媳妇终于想出了一个好办法，那就是常打电话“骗”老妈。每到中午11点左右，儿子便抄起电话：“妈，我今天回家吃午饭!”仅此一句，父母高兴得不得了，择菜、掌勺，几个可口的菜便做好。估摸二老忙活得差不多了。儿子又抄起电话：“妈，临时有采访任务，中午回不去了。”电话那端，准会传来几句无可奈何的嘟囔声。然而，父母害怕浪费，不得不一次次独自享受这一顿顿美餐。

儿子和媳妇一直坚持着轮流打这样的午间电话，竟然没有露馅。因为在老人的心目中，儿子从来不说谎，媳妇也好得没挑剔。

谎言因爱而美丽!

我们的生活需要美丽的谎言，尽管这样会违背我们做人的原则，但只要是善意的，也未尝不可。世界因为有了这些美丽的谎言，生命才会如此坚强，人生才会如此亮丽，生活才会如此的多彩。

一只质地上好的碗

一个人去买碗，他懂得一些辨别瓷器质量的方法，用一只碗碰其他的碗，发出清脆声音的碗肯定质量好。但到了店里，他发现每一只碗发出的声音都不够清脆。最后店员拿出价格高昂的工艺碗，结果还是让他不满意。店员最后不解地问："为什么拿着碗轻碰它们呢？"那人说，这是一种辨别瓷器质量好坏的方法。

店员一听，醒悟过来，立即去拿了一个质地上好的碗交给他："你用这只碗试试。"他换了碗，再去碰其他的碗，声音均变得清脆起来。

原来他手中拿的是一只质地很差的碗，它去轻碰别的碗时，都会发出浑浊之音。参照标准变了，一切都变了。

我们生活也是如此，我们的行为一定要符合道德和法律的标准，如果行为标准选错了，那么你眼中的整个世界也就错了，你的行为也必定错了。选择正确的标准是非常重要的。正确的标准可以指引你走向正确的路。

包拯执法

北宋时期，有一位断案如神、公正廉明、铁面无私的好官，他就是包拯。

包拯，字希仁，庐州合肥（今安徽合肥市）人。仁宗天圣五年，28 岁的包拯中了进士，从此踏上了仕途。他一生做过许多官，小到县令，大到枢密副使，无论任何职，他都执法如山，正直无私，被民间百姓称为“包青天”。

包拯所到之处，当地的百姓如有冤案都会争相上诉，因为他们相信包拯会秉公执法，为民请命。实际上，包拯就是这样做的。断案时，对平民百姓，他认真查处，不偏不倚；对权贵，他敢于斗争，严惩贪官恶霸；对亲戚故旧，他也不加任何偏袒。

那还是在庐州府做官的时候，百姓 闻知“包青天”到任，便纷纷赶到衙门投递状纸。包拯翻阅诉状后发现，案上厚厚一叠状纸，大都是状告自己的舅舅的。原来，包拯的一个舅舅依仗包拯在朝做官的权势，便在庐州横行霸道，抢占民田，干了许多违法之事。

看到这些，包拯十分恼怒，叫来当地县令询问。县令见隐瞒不过，只能承认确有此事。包拯质问他道："那你为何不审，依法惩治？"县令吞吞吐吐地做了回答。原来，当地县令畏惧包拯的权力，不敢轻易审理有关包拯舅舅的案子。包拯心里顿时明白。于是，包拯决定亲自审理自己舅舅的案件。

几天后，包拯派捕快将舅舅缉拿归案。在家中，包拯之妻董氏深知丈夫一向秉公办案，可又担心人家说丈夫无情无义，因为他们的儿子包意一家人在庐州全仗舅舅照顾，才衣食无忧，所以，董氏语重心长地劝包拯："舅舅待我们不薄，你一定得手下留情，免得让人觉得你六亲不认。"

包拯却不这样认为，他说："不能怪我包拯六亲不认、无情无义，舅舅在庐州称霸一方，百姓怨声载道，而我一向为官清廉，做官就是要为百姓做主，既然大家状告到我这儿，我就得管。舅舅仗着我在朝中做官，横行乡里，连县令也不敢过问，长此以往，他的气焰会更加嚣（xiāo）张。如果我都宽恕了他，不依法惩治，你想想看，这庐州会成什么样子。"一席话说得妻子哑口无言。

第二天，包拯升堂，亲自审理舅舅的案件。包拯的舅舅被带上堂，他以为外甥能袒护自己，没想到包拯却厉声喝问，并把百姓递上的状子摆在他眼前，又让衙役找来证人，当面对质。包拯的舅舅无话可说，只得认罪。同时，他恼羞成怒，气急败坏地大骂外甥不孝。

包拯大喝：“你为非作歹，欺压百姓，还于公堂之上辱骂本官，本官罚你重杖五十大板。”说完令牌扔出，一顿啪啪的板子落下，吓得一帮恶霸乡绅再不敢为非作歹，庐州百姓人心大快。

兄弟情与国家义

孙中山在辛亥革命以后，当选为中华民国第一任临时大总统。许多亲戚朋友知道他重权在握后纷纷登门，请求给安排个官职。但孙中山不为亲情所动，他吸取了历代用人的经验教训，用人“惟才能是称”，宁缺毋滥，断然拒绝了他们的请求。

孙眉是孙中山的大哥，是著名的华侨资本家。当初由于家中贫寒，孙眉几乎没有念过书。他 18 岁便去檀香山做工，后来又做了生意，生意越做越大，成了家财万贯的农场主。孙中山在檀香山和香港上学的一切费用都是他供给的。在孙中山的影响下，孙眉最早参加了革命团体兴中会。后来革命遇到挫折、经费发生困难时，孙眉毅然卖掉农场，赞助孙中山领导的革命。他对革命是有贡献的，因而广东的父老绅商向孙中山推举孙眉出任都督，掌管全省的军政大权。

孙中山没有同意，他很了解自己的大哥。他认为大哥善于经商做生意，但不擅长搞政治活动。孙眉虽然于已有恩，对革命也做过贡献，可这些都不能成为当官的资本。因此，他致函广东各界团体和各个报馆，加以谢绝，又给大哥孙眉写了封信加以婉言劝阻。

孙眉没料到自己的弟弟竟然不同意自己出任都督，不禁怨恨起弟弟来。孙中山 1912 年 5 月回广东家乡视察时，孙眉就当面质问孙中山为何不同意他做都督。孙中山再一次说出了他的“惟才能是称”的原则。

孙眉更加生气了，历数起自己的功绩来，并责问孙中山是否全忘了他作出的贡献和牺牲。

孙中山听完哥哥的话后稍微沉思了一会，他决定让哥哥消消气，于是就慢条斯理地说：“哥哥确实为革命做了不少贡献，这是谁都无法忘记的，只是都督这一职务不是一般人所能胜任，它需要有政治才干的人才能当此重任。”并说哥哥懂经商，适合搞实业造福人类。

孙眉被孙中山的真诚话语打动了，他认为孙中山说得对，就这样，二人又和好如初了。

爱国之心与日月同辉

战国七雄为争城夺地，互相杀伐，连年混战。那时，楚国的大诗人屈原，见百姓深受战争之苦，十分痛心。他立志报国为民，劝楚怀王任用贤能，爱护百姓，很得楚怀王的信任。

当时秦国最强大，时常攻击其他六国。屈原亲自说服各国联合对付秦国。怀王十一年，楚、齐、燕、赵、韩、魏六国君王齐集楚国的京城郢都，结成联盟，怀王成了联盟的领袖。联盟的力量，阻止了强秦的扩张。因此，屈原得到了怀王的重用。可是这些都遭到了以公子子兰为首的一些贵族的嫉妒和忌恨，他们不断使用各种伎俩来陷害屈原，怀王对屈原渐渐不满起来。秦国利用这一时机来离间齐楚两国，最终达到拆散联盟的目的。受到挑拨离间的怀王不再信任屈原，把他逐出宫外。

屈原看到怀王被小人和秦国蒙蔽，眼看楚国就要受难，十分痛心，他死也不愿意看到楚国遇到危险。他一直认为怀王会醒悟过来分清是非的。可是怀王却不再召见他，他越来越忧愁，常常彻夜不眠：《离骚》写出了屈原对楚国的忧愁和自己的怨愤。结果这部长诗又成为小人们的攻击证据，说屈原把怀王比做桀纣。怀王一怒之下，撤掉了屈原的官职。无奈之下，屈原搬出了郢都。可是他怎么能放得下楚国的百姓呢！楚国果真被秦国欺骗，并且遭到秦、齐两国的夹攻，秦兵占领了楚国的汉中地区。屈原听到这些消息，心急如焚，决定赶回郢都，设法抵抗秦国。怀王命令屈原出使齐国，恢复联盟。经过一番谈判，齐王答应撤回助秦攻楚的齐兵。屈原还未返国，就得到了秦楚议和的消息。他怕怀王再受欺骗，连忙辞别了齐王，赶回楚国。怀王受到宠妃郑袖、公子子兰等人的挑唆，任屈原为三闾大夫，不必进宫，立刻赴任。

屈原走了，联盟不久又解散了。从怀王二十七年起，秦国不断地对楚国发动战争。楚国国势一天不如一天，失掉了对抗秦兵的力量。怀王三十年，秦兵占领了楚国北部的八座城池。秦王来信，请怀王到秦国武关地方，商谈秦楚永世友好的办法。怀王前思后想，最后决定去会谈。得知这一消息的屈原连夜赶去拦截怀王，大声痛哭劝阻怀王前往秦国，受到上官大夫靳尚的阻止，结果怀王和500人马一到武关，就被秦国扣留，并被送往咸阳。郑袖为了安定人心，立太子熊横为顷襄王，自己掌握国政，任命子兰做管理全国军政的令尹。屈原拼死赶到郢都，要求顷襄王恢复六国联盟，凭借强大的实力，向秦国讨回怀王。子兰等人驱逐屈原出都，并且不许屈原再回郢都。

顷襄王三年时，怀王死了。屈原要求顷襄王趁各国都在怨恨秦国的机会，设法联合其他国共同对付秦国，顷襄王全然不听他的建议。屈原于是就日夜在宫门前痛哭，期望能打动顷襄王。郑袖叫子兰来斥骂屈原，命屈原赶紧回去，否则就要押送他。屈原厉声大骂子兰是秦国的奸细，是他们这些小人把楚国闹成这个样子的。

郑袖叫顷襄王革掉屈原的三闾大夫职位，把屈原流放到江南，永远不准过江。屈原到了被流放的陵阳，日夜心烦意乱，最后决定出国。他走了几天，到了楚国的边境，又踌躇起来。他认为自己是楚国人，死也要死在楚国的土地上。他回到陵阳住了 9 年，感觉到没有回郢都的希望。楚国局面越来越坏的消息不断传来，使他坐立不安。爱国的火焰在他心里燃烧，可自己又无能为力。他只能每天在山边湖旁踱来踱去。满腹的忧愁愤恨，都汇成了一个个诗篇。他越来越老了，但是复兴楚国的希望之火，却一天也没有熄灭过。顷襄王二十一年，楚国要灭亡了！他决定回到郢都，死在出生的土地上。他头也不梳，脸也不洗，昏昏沉沉地走了几天，农历五月初五那天屈原到了汨罗江边。他怀念郢都；怀念百姓，憎恨敌人；憎恨奸佞，决心用自己的生命去警告卖国的小人，激发全国百姓的爱国热忱。他用衣服包着江边的石头，用带子紧紧缚在自己身上，纵身跳人江中。

精忠报国震河山

岳飞投军后，因作战勇猛很快就被升为秉义郎。当时宋都开封被金军围困，岳飞随副元帅宗泽前去救援：岳飞带兵多次打败金军，受到宗泽的赏识。宗泽称赞他“智勇才艺，古良将不能过”。同年，金军攻破开封，俘获了徽、钦二帝，北宋灭亡。靖康二年，康王赵构登基，这就是高宗，迁都临安，建立南宋。岳飞上书高宗，要求收复失地，被革职。岳飞遂改投河北都统张所，任中军统领，在太行山一带抗击金军，屡建战功。后来又返回东京跟随留守宗泽，因为他战功卓越升任为武功郎。宗泽死后，跟从继任东京留守杜充驻守开封。

建炎二年，金将兀术率金军再次南侵，杜充率军丢弃开封向南逃去，岳飞无奈只好随之南下。这年秋天，兀术继续南侵，改任建康 (今江苏南京) 留守的杜充不战而降。金军得以渡过长江天险，很快就攻下临安、越州（今绍兴）等地，高宗被迫流亡海上。岳飞率孤军坚持敌后作战。他先攻击金军后卫，六战六捷。又在金军进攻常州时，率部支援，四战四胜。第二年，岳飞在牛头山设伏，大破金兀术，收复建康，金军被迫北撤。从此，岳飞威名传遍大江南北，声震河朔。接着，岳飞升任，建立起一支纪律严明、作战骁勇的抗金劲旅“岳家军”。

绍兴三年，岳飞因剿灭李成、张用等“军贼游寇”，得高宗奖“精忠岳飞”的锦旗。次年四月，岳飞挥师北上，击破金傀儡伪齐军，收复襄阳、信阳等六郡。岳飞也因功升任清远军节度使。同年12月，岳飞又败金兵于庐州（今安徽合肥），金兵被迫北还。

绍兴六年，岳飞再次出师北伐。孤军深入，既无援兵，又无粮草，数日后不得不撤回鄂州（今湖北武昌）。此次北伐，岳飞壮志未酬，写下了千古绝唱《满江红》：

怒发冲冠，凭栏处、潇潇雨歇。

抬望眼，仰天长啸，壮怀激烈。

三十功名尘与土，八千里路云和月。

莫等闲、白了少年头，空悲切。

靖康耻，犹未雪。

臣子恨，何时灭？

驾长车踏破贺兰山缺。

壮志饥餐胡虏肉，笑谈渴饮匈奴血。

待从头收拾旧山河，朝天阙。

绍兴七年，岳飞升为太尉。岳飞屡次建议高宗兴师北伐，一举收复中原，但都被高宗拒绝。绍兴九年，高宗与金议和，南宋向金称臣纳贡。这使岳飞不胜愤懑。次年，兀术撕毁和约，再次大举南侵。岳飞奉命出兵反击，相继收复郑州、洛阳等地，在郾城大破金军精锐铁骑兵“铁浮屠”和“拐子马”，乘胜进占朱仙镇，距开封仅 45 里。兀术被迫退守开封，金军士气沮丧，发出“撼山易，撼岳家军难”的哀叹，不敢出战。

在朱仙镇，岳飞招兵买马，联络河北义军，积极准备渡过黄河收复失地，直捣黄龙府。无奈这时高宗却一心求和，连发 12 道金字牌班师诏，命令岳飞退兵。岳飞抑制不住内心的悲愤，仰天长叹：“十年之功，毁于一旦！所得州郡，一朝全休！社稷江山，难以中兴！”乾坤世界，无由再复他壮志难酬，只好挥泪班师。

岳飞返回临安后，即被解除兵权。绍兴十一年，为向金求和，秦桧诬陷岳飞谋反，将其下狱，以“莫须有”的罪名将岳飞毒死于临安风波亭。

虎门销烟传百世

一百多年前，英国是当时世界上最大的帝国主义国家。它不断地、疯狂地在世界各地掠夺殖民地，还企图用鸦片打开中国的大门。广州是外国烟贩子的贩毒中心。1838 年广州地方政府处决一个中国的鸦片贩子，英国烟商竟然出来阻挠，激起了广州人民的义愤。1839 年 2 月，一万多名群众到外国人居住的旅馆前示威，声讨外国烟贩干涉中国内政的罪行。

1839 年 3 月钦差大臣林则徐经过两个月的旅程到达广州，人群挤满了珠江两岸，人人争睹钦差的风采。整个广州都在等待和倾听钦差大臣的声音，林则徐的回答是第二天在辕门外贴出的两张告示：《收呈示稿》宣明钦差大臣到广州的目的是查办海门事件；《关防示稿》无异于钦差大臣此行的第一个宣言，是采取禁烟行动的先声。

林则徐一面加紧整顿海防，严拿烟贩；一面限令外国烟商交出鸦片。林则徐在给外国烟商的通知中说："若鸦片一日未绝，本大臣一日不回。"当时的广州正处在暴风雨的前夕，不管是欢欣还是惧怕，期待还是仇恨，它总归要伴着雷鸣电闪，铺天盖地的来……

1839 年 3 月 19 日，林则徐下令禁止外国人离开广州。3 月 21 日下令包围商馆。3 月 22 日下令查拿英国鸦片贩子颠地。4 月 10 日林则徐、邓廷桢亲赴虎门检查收缴前各项准备工作。4 月 11 日开始收缴鸦片。收缴的这段日子，林则徐日夜操劳，一丝不苟，无一纰漏，一刻不怠地监督整个过程。由于林则徐坚定的态度和有力的措施，再加上人民的支持，外国烟贩被迫交出鸦片两万多箱。

6 月 3 日，林则徐下令在虎门将鸦片公开销毁，并带领大、小官员亲自监督。林则徐了解到：过去用火焚烧鸦片，鸦片油渗入土中，一些人就将这些土挖去，熬炼成烟膏。他命人将鸦片放入挖好的两个大池子里，池中放入卤水，鸦片浸泡半日后，再加卜生石灰，生石灰将生水煮沸，就把鸦片销毁了。

销烟的正义行动，取得了广大人民的支持，虎门海滩每天都有上万人观看，人们都拍手称快。举世闻名的"虎门销烟"在林则徐的指挥下，向全世界宣告了中华民族不屈服于侵略的决心。

华侨旗帜，民族光辉

1910年陈嘉庚在新加坡参加中国同盟会，募集巨款赞助孙中山的革命活动。1924年在新加坡创办《南洋商报》，高举反日斗争旗帜。济南惨案发生后，他任新加坡“山东惨祸筹赈会”会长，募捐救济受难家属，并号召华侨反对日本帝国主义的侵略暴行。1931年“九一八”事变前后，积极从事抗日救国活动。1937年抗日战争开始，在新加坡召开侨民大会，筹款支援祖国。1938年成立“南洋华侨筹赈祖国难民总会”(简称“南侨总会”)，任主席，每年募款达上亿元，并组织司机和机工3 000多人回国为抗战服务。

1938年10月，广州、武汉相继沦陷，路透社电讯公开传出“汪精卫发表和平谈话”。陈嘉庚感到事出有因，但他不信真有其事，因为他与汪精卫过去有过来往，私交甚好。他遂以南侨总主席名义，直接向汪精卫去电询问，汪坦承不讳。陈嘉庚给汪发长电两则，严词指出其主张极端错误，但汪称其和平主张为无上良策，甚至反过来还叮嘱陈嘉庚劝说南侨赞同其主张。至此，陈嘉庚得知汪精卫始终坚持顽固立场，无可挽救。考虑到此事系国家头等大事，应公之于众，以正视听。1938年10月28日，国内政坛的一次重要会议——国民参政会在重庆召开。身在新加坡的陈嘉庚以国民参政员的身份，向大会发去一个电报提案，提案有三方面内容：日寇未退出我国土之前，凡公务员对任何人谈和平条件，概以汉奸国贼论；大中学校在抗战期间禁放暑假；长衣马褂限期废除，以振我民族雄武精神。其中，第一方面的内容最为著名，后经会议秘书处精简修改为"敌未出国土前，言和即汉奸"。这样的电报提案，犹如一声惊雷，骤然在会场响起，不仅惊动了国民党战时首都重庆，也震动了海内外、

这一电报提案，充分体现了陈嘉庚力主抗战、反对和淡、反对中途妥协的爱国精神，当时在海内外引起了重大反响：中国著名爱国人士、政论家邹韬奋在其所著的《抗战以来》一书中，对其作了极为生动的描述和高度评价。他说："开幕之后，霹雳一声，陈嘉庚从新加坡来了一个'电报提案'——'敌未出国土前，言和即汉奸'。这寥寥十一个字，却是几万字的提案所不及，是古今中外最伟大的一个提案。"同时，他还具体描述道："当汪精卫议长高声朗读'敌未出国土前，言和

即汉奸’时，面色突变苍白，在倾听激烈辩论时，神色非常不安，其所受刺激深矣。”

1940年3月陈嘉庚亲率“南洋华侨回国慰劳视察团”回国慰劳、考察，并冲破国民党政府重重障碍，到达延安，对抗日根据地干部的廉洁奉公、军民团结抗战，热情称颂并从此断定“中国的希望在延安”。太平洋战争爆发后，他组织“新加坡抗敌动员总会”，动员华侨从各方面积极抗敌。陈嘉庚曾屡遭敌人迫害，脱险后，各界人士在重庆举行“陈嘉庚安全庆祝大会”，毛泽东题“华侨旗帜，民族光辉”以褒赠。抗日战争胜利后，陈嘉庚积极投身反蒋反美的民主运动，支持解放战争，创办《南侨日报》。

我要回国，不要美金

1889 年 10 月 26 日，李四光出生在湖北省黄冈县的一个贫苦家庭。他从小勤奋好学，13 岁便以优异的成绩考上省城武昌高等学校。离开家乡坐船去武昌上学时，李四光看见帝国主义军舰在长江里横冲直撞，激起的大浪掀翻了中国的小木船，非常气愤，发誓一定要学造船，造出大军舰，把洋人赶出长江，赶出中国。1905 年孙中山在日本创建同盟会，16 岁的李四光加入同盟会，参加了辛亥革命。孙中山勉励他说："努力向学，蔚为国用。"后来李四光以优异的学习成绩被保送去日本学习造船。可是，造船需要钢铁，钢铁又要矿石作原料。于是，李四光又远渡重洋，去英国考上了伯明翰大学预科学采矿。学了两年后，他想中国地大物博，矿藏一定很丰富。因此，第一重要的是要找到铁矿、煤矿、石油，而要掌握打开地下宝库的钥匙，就得学地质学，于是他进了地质系学习地质，同时还兼学物理系的课程。这期间，他获得了学士、硕士、博士学位。

1948 年，李四光接受国际地质学会的邀请来到英国伦敦，在第十八届国际地质学大会上作了《新华夏海之起源》的学术报告，博得与会者的一致赞誉。一天清晨，李四光在报纸上看到一则消息："……12 月 2 日沈阳解放，……"新中国就要诞生了！他激动得热泪盈眶。在剑桥大学中国留学生举行的年会上，他激动地说："我虽然 60 岁了，身体一直不好，但我一定要回到祖国去，把自己的余生奉献给新中国！"国民党驻英国大使馆秘书找到李四光，掏出了一张 5 000 美金的支票，说："你向世界发表个公开声明，否认中华人民共和国。"又威胁说："你如果不肯，我们将采取必要措施，将你扣留在国外。"李四光听罢气愤至极，当即严厉斥责："我归国之心能用金钱收买吗？我要回国，不要美金！"李四光冒着被国民党扣留送往台湾的危险，排除万难，终于踏上了祖国的土地，实现了他为祖国效力的愿望。

解放后，李四光对我国的能源、地震、矿产资源等方面都提出了重要的指导性意见，推动了我国地质工作的开展。经过长期的研究和考察，李四光认为不论是海相地层还是陆相地层，只要具备了生油的条件和储油的地质构造，就能找到大油田。李四光的重大贡献之一就是打破了“中国贫油论”的错误论断，为中国人民找到了大油田。在他的考察和研究下，陆续发现了大庆油田、大港油田、胜利油田、华北油田等。

诚归玉带

裴度是唐代政治家，曾做过三朝宰相，虽其貌不扬，个头矮小，但为人诚实。

他少年时就立下做人的原则：“只要自己不欺心，不欺人，诚实、努力，将来一定会有所成就的。”在裴度十五六岁时的一年秋天，他到城外香山寺游览，路过一座寺院时，看见一行惮师正在替人相面。裴度等大家都走了以后，才去询问自己的面相。一行禅师熟视良久，说：“你天生异相，今生不但没有希望考取功名。而且眼光外浮，纵纹入门，是一种乞食街头、饥饿而死的相！我看你甭考试了”裴度听了，心里非常伤心，整天垂头丧气，连读书都无精打采的。

数天后，裴度到香山寺去漫步，看见寺卫有一位妇人跪在佛前，喃喃祈祷，祷告完毕，匆匆离去。裴度看见案桌上有一个包袱，解开一看，是非常贵重的物品，一个翠玉带和两个白玉带。他想：这一定是刚才那位妇女忘记拿走的，她会回来拿包袱的，裴度就坐在那儿等着，可是左等右等也不见妇人回来。天已经黑了，裴度就把包袱拿回家。第二天，他又来到香山寺，坐在案桌旁边等失主。快到中午的时候，一位妇女满头大汗，气喘吁吁，匆匆地进门，只见她扫视案桌一遍，就哇哇大哭起来。裴度上前询问，妇人哭看说：“家父病重，家产当尽，前日我请到名医，略有起色，所以昨日早晨，我赶去亲戚家，借到三条玉带，准备典押借款，做医药费。我行经此寺，顺便入寺祈祷，不料心急匆忙，忘记拿走玉带，等我到了当铺，才发现遗失玉带。我没有钱，家父一定无法活命，尚有家母和弟妹待养，我不知道怎么办才好！”说完，又大哭起来。听完这些裴度赶忙把包袱交给妇人，并问是否是这个包袱，妇人一见，又惊又喜，这时旁边围观的人告诉妇人，是裴度捡到后特意来这里等她，所以东西才‘没丢。妇人听了，赶紧打开包袱，从里向拿出一条玉带送给裴度，裴度说：“物归原主，理所当然，您的东西我不能要。”说完转身就跑了。

诚信佳话入史册

晏殊是宋朝的大官。他诚实守信，自己说过的话一定会做到。晏殊少年时，张文节把他推荐给朝廷。恰逢皇上亲自主考，考试的题目是诗、词、歌赋，均要求以为官之道来写。晏殊看了题目后，发现这是自己平时练习过的题目，心想：如果这样做了，自己一定是状元了，但不能显示出自己的真才实学。于是他对考官说："考官大人，这是我平时练习过的题目，我已经写得非常好了，连当地的县官也说他写不过我。我要是这样考了，就不能把我真实的水平和本领显示出来，所以我要求换题目。"考官听了，吃惊地说："既然这是你练习过的题目，你应该好好珍惜才对，现在我只好启奏皇上，再行定夺。"

皇上知道了，也很吃惊，就对晏殊说："如果另外考试，你要是考不好，那你不伤心吗？”晏殊说：“假如我考不好，那只能怪我知识太浅薄，本领太低微了，我无话可说，不会伤心的，”皇上听了晏殊的一番话，被他的诚实感动了，就另外出了考题给晏殊做。

晏殊把这套题做得非常好，于是皇上让他做刑部侍郎，后来做了丞相，皇上让文武百官向晏殊学习。晏殊成了当时天下人的榜样。晏殊在使馆任职时，当时天下无事，朝廷允许臣子挑选游览胜地进行宴饮 当时文武官员经常到市楼酒肆集结，热闹非凡、晏殊因为贫穷，不能外出，便呆在家里，与兄弟们读书。一天，忽然从宫中传出皇上的御批，特别选中晏殊作为辅佐太子的官员。很多执政官员不明白皇上这一决定的依据，次日觐见皇上询问。皇上说：“近日听说馆阁官员无不嬉游宴饮，通宵达旦，只有晏殊闭门与兄弟们读书。他是这样的严谨厚道，正好可以担任太子的老师。”

晏殊接受任命之后，皇上向他讲明了选择他的缘由：晏殊却说：“我并非不喜欢游玩宴饮，只是由于家贫。我如有钱，也一定前往。但既然没钱，哪里能够出游呢？”

通过这件事，皇上更加喜欢他的诚实，更加重用他。

以诚为本

邓稼先是我国著名的科学家，在氢弹和原子弹的研制中担任着非常重要的职务。他和诺贝尔物理奖获得者、美籍华人杨振宁从小就是好朋友。

他们的父母都是清华大学的老师，因为都住在清华园，所以很小的时候两个人就在一块儿玩，后来还在一个中学读书。他们俩都很聪明，但是性格不同，杨振宁比较机灵，邓稼先沉稳老实。可是他们都很敬重对方，以对方的优点为榜样互相学习。这样两人成了好朋友。

长大以后，他们都在美国留学，并且都学习理论物理学，搞原子核物理研究。邓稼先毕业后不久返回祖国，支持祖国的科技建设，杨振宁则继续留在美国搞科学研究。

邓稼先回国以后，被派去领导和组织原子弹的研制工作。

经过多年的艰苦奋斗，1964 年 10 月 26 日我国第一颗原子弹试验成功。杨振宁知道了这个消息后很为自己的祖国高兴，同时他也很想知道自己的好朋友邓稼先是否也参与了原子弹的研究工作。但他知道这是国家机密，如果问邓稼先，会让他为难的，所以就一直没问过。

1971 年，杨振宁回国，邓稼先到首都机场迎接分别整整 20 年的老朋友，两人一见面就没完没了地聊了起来。但是由于邓稼先从事的工作都属于国家机密，两人的谈话总是点到为止，尽量不涉及这方面的问题。可是杨振宁十分想知道邓稼先是否参与了原子弹的研究，于是就绕着弯子问他："听说中国研究原子弹的专家中有美国人，有这么回事么？"

这个问题让邓稼先很为难。如果回答"没有"，就证明了自己很了解参加原子弹试验的成员，这实际上是承认了自己也参与了原子弹的研制；如果回答"不知道"，又是在欺骗老朋友。于是他就想出一个既不泄密，也不欺骗朋友的办法，说："我以后再告诉你吧。"

于是，邓稼先把这个问题向上级汇报，最终得到周恩来的批准。邓稼先这才如实地答复了老朋友的问题。

邓稼先就是这样一个诚实正直的人，无论是对待国家还是朋友，都以诚为本。

1986 年，邓稼先病逝，杨振宁为失去这样一位好朋友而十分悲痛，他从美国发来的电报中说："稼先为人忠诚纯正，是我最敬爱的挚友。"

犯颜直谏

魏征与李世民是封建社会中罕见的一对君臣：魏征敢于直谏，多次犯颜直谏，却理据为实，使人豁然开朗，为此太宗能忍魏征“犯上”，所言多被采纳。

有一次，唐太宗问魏征：“历史上的人君，为什么有的人明智，有的人昏庸？”

魏征听到此，便直言不讳地说：“同时听取各方面的意见，就明智；只相信单方面的话，就昏庸。比如，尧经常咨询下民的意见，所以官员、恶霸的行为他才能了解；而舜善于听取四面八方的声音，故一些奸臣都不能蒙蔽他的视听。反之，秦二世只相信赵高，最终导致亡国；梁武帝任用朱异一人，才引发侯景之乱；隋炀帝偏听虞世基之言，天下大乱而不自知。这都是反面的例子。所以人君应该兼听广纳，这样才能充分了解各方面的情况，而不受片面之词的影响。”

唐太宗连连称赞：“爱卿说得真是太好了！”

贞观二年，太宗得知姓郑的官员有一个女儿，才貌出众，京城之内，绝无仅有，便下诏将她聘为妃子。当魏征听说这位女子已经许配陆家，便不顾龙颜大怒，立即人宫进谏：“陛下为人父母，应该抚爱百姓，忧他们所忧，乐他们所乐。居住在宫廷之中，要想到百姓的居行是否安定；吃着山珍海味，要想到百姓有无饥寒之患；嫔妃满院，要想到百姓也有家室之欢。而现在郑官员的女儿，早已订婚，陛下将她纳入宫中，如果传闻出去，实在不合为民父母的道理呀！”太宗听后大惊，当即决定收回成命。

但一些想讨好太宗的臣子，不经考察就说郑女没有定亲，坚持诏令有效。这时，唐太宗半信半疑，又召来魏征询问。魏征直截了当地说：“陆家之所以否认此事，是害怕陛下借此加害于他全家。

其中缘故十分清楚，不足为怪。”虽然，这件事让太宗脸面不光彩，但是听魏征一说，还是坚决地收回了诏书。由于魏征能够犯颜直谏，即使太宗在盛怒之际，他也敢面折廷争，从不退让，所以，唐太宗有时对他也会产生敬畏之心。有一次，唐太宗想要去秦岭山中打猎取乐，行装都已准备妥当，但却迟迟未能成行。后来，魏征问及此事，太宗笑着答道：

“当初确有这个想法，但害怕你又要直言进谏，所以很快又打消了这个念头。”

还有一次太宗得到了一只上好的鹞鹰，把它放在自己的肩膀上，很是得意。但当他看见魏征远远地向他走来时，便赶紧把鹰藏在怀中。魏征故意奏事很久，致使鹞鹰闷死在太宗怀中。

后来，魏征病死：唐太宗流着眼泪说：“用铜作镜子，可以照见衣帽是不是穿戴端正；用历史作镜子，可以看到国家兴亡的原因；用人作镜子，可以发现自己做得对不对。魏征一死，我就少了一面好镜子了。”这堪称对魏征成功人生价值的最佳诠释。

清正廉洁，奉公守法

李勉少年时家庭贫困，一次客游外地时，和一个书生同行。路上书生突然得了急病，快要死的时候，取出所带金银交给李勉，说："反正也没有其他人知道，多亏有你和我在一起，你用一些银子把我埋葬，剩余的你都留下吧。"李勉为了能让他安心而逝，就答应了他的要求。可是安葬的时候，李勉却将多余的金银放人书生的棺材里。后来，书生的家人来拜访，李勉便和他们一块打开坟墓，把金银全部交给了他们。

767 年，李勉任京兆尹兼御史大夫。当时宦官鱼朝恩做观军容使，知国子监事，每到国子监视学，随从数百。前京兆尹黎干倾心侍候，动心求媚，每次都指使府中上下预备数百人的酒食，鱼朝恩还是不甚满意。李勉到任后，鱼朝恩来国子监，府吏请示李勉。李勉不允许铺张浪费来招待。他说："军容使判国子监事，勉候太学，军容应具主礼。”鱼朝恩碰了个软钉子，从此再也不到太学骚扰了。

769年，李勉任广州刺史兼岭南节度观察史，此时的广州“地当会要，俗号殷繁，交易之徒，素所奔凑”。他到任后，对商人更加抚慰，商船人口，不许侵夺，一年后广州商船如织，经济很快繁荣起来，许多商人为感谢他，送来厚礼，都被他婉言拒绝。

封建官场贪污受贿成风，为整饬吏治，李勉制定严刑峻法。他当开封府尉时，上任后立即张贴告示：“有人受了人家的贿赂，我都知道了。希望自首，但不得超过3天，逾期不交代的，抬着棺材来，咱们再说话。”告示贴出后，有一个自恃有点背景的污吏，一天受贿后故意放出风来，让李勉知道。那个受贿的吏卒故意拖过期限，而且还让人抬着棺材去见李勉。李勉弄清真相后，说：“故意受贿枉法，罪加一等。”对方不以为然，李勉毫不客气，命令拿石灰、荆棘放在棺材里，令手下将污吏装入棺材，再用铁钉钉上，这时那个吏卒才如梦方醒，但为时已晚，棺材被扔进河里。然后李勉向按察史汇报。按察史“叹赏久之”。后来，李勉当了大梁节度使，有人问他：“今有官人如此，如何待之？”李勉答道：“即打腿。”此后，那些手脚不干净的官员心惊肉跳，再也不敢贪赃枉法了。

怒打行贿人

在唐朝贞元年间，白居易考中进士后，被派到陕西周至任县令。

他刚刚上任，城西的赵乡绅和李财主就为争夺一块地跑到县衙打官司。赵乡绅和李财主无论从财力和势力上都是当地的名门望族，两家一直势不两立，明争暗斗。对刚刚上任的白居易，他们不是很了解，只不过听别人说过新县令人品正直，为官廉洁。这可难坏了两家人，怎么才能打赢官司呢？赵乡绅想了几天几夜，也没有想出来办法。一天在饭桌上吃饭的时候，赵乡绅看到桌上盘中的鱼，他眼睛一亮，嘿！有主意了。于是赶紧派人买了一条大鲤鱼，在鱼肚子里塞满了银子送到县衙。而李财主这边也在绞尽脑汁想应该如何给新县令送礼，很快他也有了好办法，让长工去田里挑了个大西瓜，掏出瓜瓤，也塞满了银子给白居易送过去。

东西送到县衙后，几个差役费了好大的劲才把鱼和西瓜抬上来，看到这两份“重礼”后，白居易不动声色地吩咐手下贴出告示：明天公开审理赵乡绅和李财主的争地案。第二天，县衙外挤满了看热闹的老百姓。都想知道新上任的县令如何断案。

赵乡绅和李财主分别得意扬扬、大摇大摆地走进县衙大堂。白居易升堂后便问他们两个：“你们哪个先讲？”赵乡绅抢着说：“大人，我的理 (鲤) 长，我先讲。”李财主也不甘示弱：“我的理 (瓜) 大，该我先讲。”白居易沉下脸说：“什么理长理大？成何体统！”赵乡绅以为县太爷忘了自己送的礼，连忙说：“大人息怒，小人是个愚 (鱼) 民啊！”白居易微微一笑说：“本官耳聪目明，用不着你们旁敲侧击，更不喜欢有人暗通关节。来人啊，把贿赂之物取来示众。”

衙役们抬上装满银子的鲤鱼和西瓜，听审的老百姓都唏嘘不已。白居易厉声喝道：“大胆刁民，胆敢公然贿赂本官，按大唐律法各打 40 大板！”

百姓们都拍手称快。称赞县令清正廉洁。至于行贿的银子，白居易都用来救济贫苦的百姓了。

悔过自新，一世清廉

一日，寇准与其妻宋娥正在享用丰盛的晚宴，忽听门官来报："相爷，大门外有个老汉，说是相爷的乡里，非要见相爷不可。"一听是家乡人，寇准忙说："快请他进来！"不一会儿，门官就领来一个衣衫褴褛的老汉。寇准一看，原来是舅舅赵午，便忙拉来夫人一起上前拜见，侍女也急忙搬来椅子，让老人家坐下。谁知老汉两眼发呆，并不理睬寇准夫妇，却大哭起来。寇准忙问："舅舅，是受了什么委屈？还是家里出了什么事？"老汉连连摇头。问了半天，老汉才长叹一口气，叫着寇准的小名，说道："牛娃子，我进了这相府，见你在这里享受荣华富贵，又听你手下人说，你每日每夜都这样，叫我不由得想起我那可怜的老姐了。她一辈子受苦受难，没过上一天好日子！"寇准听舅舅谈起母亲，慌忙跪倒，说："都是甥儿不好，得意忘形，忘了母亲早年所受的苦难。”

赵老汉擦了擦眼泪，拍着寇准的肩膀说：“牛娃子，你爹去世时，你才10岁。你娘昼夜纺线织布，供你读书。我送你上华州会试时，你穿的蓝布袍还打着补丁。后来，你一直没回过家。你母亲归天时，你正在关外操劳王事，顾不上奔丧，舅也不能怪你。你现在当了大官，又招了皇姨，一下子就从地下到了天上，欢乐几天也就是了。可你天天作乐，夜夜宴饮。你娘受过的苦难，你不是早忘光了吗？”

寇准忙给舅舅叩了三个头，说：“舅舅指教，甥儿受益匪浅。母亲弃世时，我君命在身，忠孝不能两全，是甥儿终生憾事。不过，母亲的苦楚，甥儿实不敢忘。甥儿今为国家大臣，誓以上报宋王，下抚黎民。”说罢，忙和宋娥劝舅舅入席用饭。

老汉看着满席的山珍海味，硬是不入席，却指着宴席说：“这一桌饭菜，够咱家乡一家人过几个月哩！你在京城里吃得这么好，可怎知咱华州、同州今年大旱，颗粒不收，一斗米涨到一千钱。现在还没过年，已闹起了饥荒，到明年春天，不知要饿死多少人呢！

想到这，我怎么能吃下这样好的饭菜呢？”寇准也听说家乡有旱情，可是从地方官的奏折里，却看不出灾情的严重程度。听舅舅这一说，顿感自己失职，愧对乡里。他安排舅舅住下，急忙回到大厅，吩咐撤了宴席，并以此为戒，永不盛宴。

第二天早朝，寇准将故里的旱情如实上奏给太宗，并请旨回陕西督赈和询察民情。他回陕西后，为家乡办了一些好事，还把关中的赋税免征三年。

寇准为官清廉，办事公正，深得民心。寇准有一年从京都汴梁回到老家渭南乡下探亲，正逢50大寿，乡亲们送来寿桃、寿面、寿匾表示祝贺，寇准摆寿宴相待。酒过三巡，忽然手下人捧来个精致的桐木盒子，寇准打开一看，里面装着50个晶莹透亮如同水晶石一般的点心。在点心上面，还放着一张红纸，整整齐齐地写着落款是渭北老叟的一首诗：

公有水晶目，
又有水晶心，
能辨忠与奸，
清白不染尘。

不徇私情，两袖清风

在《万历十五年》中，黄仁宇先生一直把海瑞视为一个“古怪的模范官僚”。他那种“以一个有教养的读书人服务于公众而牺牲自我的精神”，在当时宛若污水横流中的一脉清泉。

嘉靖四十五年，户部主事、六品官海瑞上书直斥皇帝。嘉靖皇帝读了海瑞的奏疏，十分愤怒，把奏疏扔在地上，对左右说：“快把他逮起来，不要让他跑掉。”宦官黄锦在旁边说：“这个人向来就有傻名。听说他写奏疏时，自己知道冒犯该死，已经买了棺材，并和妻子话别，在朝廷听候治罪。他家的奴仆们也四处逃散，所以他是不会逃跑的。”皇上听了后默默无语。户部有个司务叫何以尚的，揣摩皇上没有杀死海瑞的心意，上书陈请释放海瑞。皇上大怒，命锦衣卫杖打何以尚 100 大棍，关进牢狱，昼夜严刑拷打。

过了两个月，嘉靖死了，明穆宗继位。牢里的主事听说嘉靖皇帝死了，认为海瑞不仅会被释放而且还会被重用，就办了酒菜来款待海瑞。海瑞当时怀疑自己是要被斩首，便不管别的纵情吃喝。而后主事附在他耳边悄悄说："皇上已经死了，先生现在即将出狱受重用了。"海瑞问："确实吗？"随即悲痛大哭，直哭得把刚才吃的东西全部吐出来，又晕倒在地，醒后又哭，就这样整整哭了一夜。

万历十四年，海瑞出任南京右都御史，何以尚以部郎的身份前去拜访，令他伤心的是海瑞竟将他的座位设在了靠边的角落里。何以尚说："如果按名位，你这样安排座位我没有意见，不过我们曾经同甘共苦，结有情谊，难道你就不能以客礼待我吗？"何以尚此去并非公事，应该说他的要求属于人之常情，并不为过，但是却遭到了海瑞的拒绝。受到冷落的何以尚非常气愤，当即离去并发誓："不及黄泉，无相见也。"为此事海瑞一直感觉愧对何以尚，可是他却不得如此，否则就违背了朝廷的规矩，海瑞这是以身作则。

万历十五年，身为南京，都察院右都御史的海瑞病逝。颇有海瑞之风的佥都御史王用汲前去吊唁，见海瑞所居之处"葛帏敝籯，有寒士所不堪者"。王用汲痛哭流涕，募捐了一些钱为海瑞殓葬。海瑞在生病期间，有人前去探望他，见其卧在草垫之上，无席无帐，身上仅盖着一件妇人的裙子。想想看，尽管明代官员的俸禄极低，但他乃是朝廷的二品官员，难道连置办一袭布帐、一床被子的钱都拿不出来吗？难怪时人谢肇淛说：“海忠介之清，似出天性。”

公而忘私，舍己为人

一次，雷锋在沈阳车站换车的时候，一出检票口，发现一群人围看一个背着小孩的中年妇女，原来这位妇女从山东到吉林去看丈夫，车票和钱丢了。雷锋用自己的津贴费买了一张去吉林的火车票塞到妇女手里，妇女含着眼泪说："大兄弟，你叫什么名字，是哪个单位的？"雷锋说："我叫解放军，就住在中国。"

一天，雷锋冒雨要去沈阳，他为了赶早车，五点多就起来，带了几个干馒头披上雨衣上路了。突然，雷锋见公路上一位妇女怀里抱着小孩，手里拉着一个小孩，身上还背着包袱，在大雨中一步一滑地走着，雷锋忙上前一打听，才知道这位妇女从外地探亲归来，要去十几里外的樟子沟，她着急地说："同志啊，今天雨都把我浇迷糊了，我还带着孩子，我哭也哭不到家啊！”

雷锋把雨衣披在妇女身上，抱起那个大一点的孩子冒雨朝樟子沟走去，自己被淋得透湿，一直走了两个多小时，才把她们母子送到家。那位妇女感激地说：“同志，我可怎么感谢你呀！”

雷锋从安东回部队，又在沈阳转车，过地下通道时，看见一位白发苍苍的老大娘，拄着棍，背了个大包袱，很吃力地走着，雷锋走上前去问道：“大娘，你到哪去？”老人上气不接下气地说：“俺从关内来，到抚顺去看儿子呀！”雷锋一听跟自己同路，立刻把大包袱接过来，手扶着老人说：“走，大娘，我送你去抚顺。”老人感动得一口一个好孩子地夸他。

进了车厢，他给大娘找了座位，自己就站在旁边，掏出刚买来的面包，塞到大娘手里，老大娘急忙说：“孩子，俺不饿，你吃吧！”“别客气，大娘，吃吧！先垫垫饥。”“孩子”这个亲热的称呼，给了雷锋很大的感触，你觉得就像母亲叫着自己小名似的那样亲切。他在老人身边，和老人唠起了家常。老人说，他儿子是工人，出来好几年了。她这是第一次来，还不知道儿子住在什么地方。说着，掏出一封信，雷锋接过一看，上面的地址他也不知道，但他知道老人找儿子的急切心情，就说：“大娘，你放心，我一定帮助你找到他。”

雷锋说到做到，到了抚顺，背起老人的包袱，搀扶着老人，东打听，西打听，找了两个多小时，才找到老人的儿子。

过年的时候，战友们在一起组织了各种文娱活动。雷锋和大家在俱乐部打了一阵乒乓球，突然想到每逢年节，服务和运输部门最忙，这些地方多么需要人帮忙啊。他放下球拍，叫上同班的几个同志，一起请假后直奔附近的瓢儿屯车站，这个帮着打扫候车室，那个给旅客倒水……

1960 年初夏的一个星期天，雷锋肚子疼得很厉害，他来到团部卫生连开了些药回来，回来的路上见一个建筑工地正热火朝天地进行施工。雷锋情不自禁地推起一辆小车，加入到运砖的行列中，到了中午休息的时候，雷锋被一群工人围住了。面对大家他说："我们都是为社会主义建设添砖加瓦，我和大家一样，只是尽了自己的一点义务。"这天下午，打听到雷锋名字及部队驻地的市二建公司组织工人敲锣打鼓送来感谢信，大家才知道病中的雷锋做了一件好事，过了个特殊的星期天。

1960 年 8 月，驻地抚顺发洪水，运输连接到了抗洪抢险命令。雷锋忍着刚刚参加救火被烧伤的疼痛的手又和战友们在上寺水库大坝上连续奋战了 7 天 7 夜，被记了一次二等功。

望花区召开了大生产号召动员大会，声势很大，雷锋上街办事正好看到这个场面，他取出存折上的 200 元钱，跑到望花区党委办公室要捐献出来，接待他的同志实在无法拒绝他的这份热情，只好收下一半，另一半在辽阳遭受百年不遇洪水的时候他捐献给了辽阳人民。

1961 年 9 月，全团上下一致推举雷锋为抚顺市人大代表。

雷锋参加完人代会回到连里就担任了二排四班班长，在他的带领下，四班成了“四好班”，雷锋也成了全连的四好班长。

雷锋入伍以来，多次立功受奖，他被选为市人大代表，出席过沈阳军区首届共青团代表大会，他的照片，日记和模范事迹，报纸，电台作了广泛的宣传，雷锋陆续收到来自全国各地热情赞扬他的来信，他在日记中写下了这样一段话：“我的一切都是党给的，光荣应该归于党，归于热情帮助我的同志，至于我个人做的工作，那是太少了，我这么一点点贡献，比起对我的要求和期望还是很不够的……”

清正廉洁

1963 年春节，连年灾害的兰考肉类和副食供应比较紧张。县委办公室的一位同志给焦裕禄家里送去了几斤肉。焦裕禄问他：“人人都有份吗？”这位同志回答：“要过年了，书记们工作忙，顾不上买肉，这是特意照顾几个领导同志的。”焦裕禄听后对这位同志说：“谢谢了，我家的肉已经买好了。请你把肉提回去，看办公室还有谁没买，这肉就照顾谁吧。”他还嘱咐这位同志，以后不要再单独照顾领导了。

焦裕禄到兰考后，看到城内有个大水坑，就建议城关镇在坑里种莲放鱼苗。半年后，放养的鱼苗已长到一斤左右。城关镇鱼场为感谢焦裕禄的指导，又想让身患肝病的焦书记补补身体，就派一名职工用水桶装了十多条活鱼，送到焦裕禄家。焦裕禄的孩子们一见活蹦乱跳的鱼儿，高兴得围着水桶直嚷着要吃鱼。焦裕禄回家后，问清楚了来龙去脉，就对嚷着要吃鱼的孩子们说："这鱼是渔场的叔叔辛辛苦苦养大的，是集体财产，咱一家怎能先吃呢？如果大家都占集体的便宜，那集体的事业还能办好吗？"焦裕禄的大儿子国庆当即就带着弟妹们，把一桶活鱼又送回了养鱼场。

一次，国家给兰考拨来一批救济棉花，救灾办公室的同志看到焦裕禄的棉袄补丁摞补丁，决定照顾他3斤，让他做件新棉袄。焦裕禄的妻子徐俊雅拿着3斤棉花票，等焦裕禄一进家门，就兴奋地跟他商量做新棉衣的事。焦裕禄一听又是"照顾"他的东西，开口；就说："那不中。"稍停，他平心静气地对妻子说："兰考现在还有好多群众缺衣少穿，救灾物资是给群众的，这棉花咱咋能要？我是领导，可不能搞特殊啊！"

焦裕禄夫妇尽管省吃俭用，但因要赡养两位老人（双方的老母亲），抚育6个子女，有时还接济穷困群众，日子过得相当紧巴。1964年春节前的一天，风雪交加，焦裕禄到县政府大院找到县长程世平，说他多年没回山东老家看望母亲了，打算春节带着全家回老家一趟。接着，焦裕禄显然有些难为情地说："老程，你手头宽不宽裕，能不能借给我三四百元？"程世平虽知道焦裕禄家的日子过得紧巴，可没想到他一个十五级干部连回老家探亲的路费也凑不够。见焦裕禄说话直打哆嗦，程世平急忙问："老焦，你是不是病了？"焦裕禄说："没有，就是有点冷。"程世平顺手摸了摸焦裕禄的胳膊，吃惊地说：

“老焦，大腊月里下着雪你咋穿个空筒袄，连件秋衣也不套？”焦裕禄也是当着真人掏心窝说话：“老程，我没啥衣服套啊！没布票，手头也紧，能将就过冬就行了。再说了，老百姓有的连空筒袄还穿不上哩！”听了焦裕禄的心里话，程世平又钦佩又心酸，直想流眼泪。

焦裕禄的子女们没有谁能从他那里得到所谓的“照顾”。他的大女儿焦守凤初中毕业没考上高中，在家待业，有人向他提议：“小学教师不够用，让守凤去学校教书吧？”还有人向他透露信息：“邮政局要招收话务员，小梅 (焦守凤小名) 干这个工作挺合适。”焦裕禄对于这些热心的提议，一再摇头否定。后来，焦守凤到兰考县食品加工厂当了一名临时工。刚去上班，焦裕禄就专门找到时任厂长的张树森，特别交代，“我的女儿来厂里当临时工，分配工作时一定要把她安排到酱菜组，这样对改造她的思想有好处。”临走时，焦裕禄又强调一句：“你们不要以为是我的女儿，就另眼相看，应该对她严格要求。”

久病床前有孝子

汉文帝刘恒不仅是一位“无为而治”的明君，他还是一位以孝顺著称的皇帝。

汉文帝是汉高祖刘邦的第三个儿子，本不是太子，后因素有孝顺贤德之名，而被群臣拥立为帝。

汉文帝即位之后，侍奉生母薄太后依然是非常殷勤体贴。一次薄太后生病，三年卧床不起。文帝一直尽心尽力地在床前照顾，几乎没有很好地睡过一觉。有时连衣服都不脱就躺在床上，以备母亲随时召唤。每当汤药煎好要给母亲喝之前，文帝都先亲自尝一尝，看看药的火候是不是适中，会不会太苦，是不是太烫，然后才送给母亲服用。薄太后看在眼里，很是感动，也特别心疼自己的儿子，就说：“宫里这么多人，都可以照顾我，你不要亲自辛苦操劳了，而我的病又不是三两天就能好的。以后叫宫女们服侍我就可以了。”汉文帝忙跪下来对母亲说：“如果孩儿不能在您有生之年，亲自为您做点事，尽点孝道，那什么时候才能有机会报答您的养育之恩呢？”

孝感天子

缇萦的父亲淳于意，本来是个读书人，因为喜欢医学，经常给人治病，并因此出了名。后来他做了太仓令，但他不愿意跟做官的来往，也不会拍上司的马屁。没有多久，便辞了职，当起医生来了。

有一次，有个大商人的妻子生了病，请淳于意医。那病人吃了药，病非但没见好转，过了几天却死了。大商人仗势向官府告了淳于意一状，说他是误诊。当地的官吏要判淳于意“肉刑”（当时的肉刑有脸上刺字，割去鼻子，砍去左足或右足等)，要把他押解到长安去受刑。

淳于意有5个女儿，没有儿子。他被押解去长安要离开家的时候，望着女儿们叹气，说：“唉，可惜我没有男孩，遇到急难，一个有用的也没有。”

几个女儿都低着头伤心得直哭，只有最小的女儿缇萦又是悲伤，又是气愤。她想："为什么女儿就没有用呢?"

她提出要陪父亲一起去长安，家里人再三劝阻她也没有用。

缇萦到了长安，托人写了一封奏章。

汉文帝接到奏章，知道亡书的是个小姑娘，倒很重视。那奏章上写着："我叫缇萦，是太仓令淳于意的小女儿。我父亲做官的时候，齐地的人都说他是个清官。这回他犯了罪，被判处肉刑。我不但为父亲难过，也为所有受肉刑的人伤心。一个人砍去脚就残废了；割去了鼻子，不能再安上去，以后就是想改过自新，也没有办法了。我情愿给官府收为奴婢，来替父亲赎罪，好让他有个改过自新的机会。"

汉文帝看了信，十分同情这个小姑娘，并被他救父的精神所感动，又觉得她说得有道理，就召集大臣们说："犯了罪该受罚，这是无话可说的。可是受了罚，也该让他重新做人才是。现在惩办一个犯人，在他脸上刺字或者毁坏他的肢体，这样的刑罚怎么能劝人为善呢。你们商量一个代替肉刑的办法吧!"

大臣们一商议，拟定一个办法，把肉刑改用打板子。原来判砍去脚的，改为打500板子；原来判割鼻子的改为打300板子。汉文帝于是正式下令废除肉刑。这样，缇萦用一颗孝心救了她的父亲。

温席表孝心

小黄香9岁时，母亲去世了，他悲痛欲绝。在母亲卧床生病期间，小黄香一直不离左右，守护在母亲的病床前。母亲离开后，黄香就担当起了照顾父亲的责任。

冬天的夜晚特别寒冷。那时候，农村家里没有任何取暖的设备，冷得很难入睡。一天晚上，小黄香读书时，感到特别冷，浑身发抖，捧着书卷的手一会儿就冰凉冰凉。他突然想到，在这么冷的天气里，父亲一定也会冷的，他老人家白天干了一天的活，这么冷晚上还能好好地睡觉吗？想到这儿，小黄香的心里很不安。为让父亲少挨冷受冻，他读完书便悄悄走进父亲的房里，给父亲铺好被，然后自己脱了衣服，钻进父亲的被窝里。用自己的体温，温暖了父亲冰冷的被窝之后，才招呼父亲躺下。黄香用自己的孝敬之心，温暖了父亲的心。黄香温席的故事，很快传开了，街坊邻居人人夸奖小黄香。

夏天到了，黄香家低矮的房子格外闷热，而且蚊蝇也很多。到了晚上，大家都在院里乘凉，尽管每人都不停地摇着手中的蒲扇，可仍不觉得凉快。入夜了，大家也困了，都准备回去睡觉，这时，才发现小黄香不见了。

“香儿，香儿。”父亲忙提高嗓门喊他。

“爸爸，我在这儿呢。”说着，黄香从父亲的房中走出来。满头大汗，手里还拿着一把大蒲扇。

“你干什么呢？这么热的天。”爸爸心疼地说。

“屋里太热，蚊子又多，我用扇子使劲扇，蚊虫就跑了，屋子也显得凉快些，这样睡觉您会舒服些。,’黄香说完。爸爸紧紧地搂住黄香，“我的好孩子，可你自己却出了一身汗呀！”

就这样，黄香为了让父亲休息好，每天晚饭后，都拿着扇子，去把蚊蝇赶跑，还要扇凉父亲睡觉的床和枕头，让劳累一天的父亲能够早些安然入睡。

代父从军

北魏末年，柔然、契丹等少数民族日渐强大，他们经常派兵侵扰中原地区，抢劫财物。北魏朝廷为了对付他们，常常大量征兵，加强北部边境的驻防。

花木兰从小跟着父亲读书写字，平日料理家务。她还喜欢骑马射箭，练得一身好武艺。有一天，衙门里的差役送来了征兵的通知，要征木兰的父亲去当兵。但父亲年纪老迈，又怎能参军打仗呢？木兰没有哥哥，弟弟又太小，她不忍心让年老的父亲去受苦，于是决定女扮男装，代父从军。木兰父母虽不舍得女儿出征，但又无他法，只好同意她去了。木兰随着队伍，到了北方边境。她担心自己女扮男装的秘密被人发现，因此处处加倍小心。白天行军，木兰紧紧地跟上队伍，从不敢掉队。夜晚宿营，她从来不敢脱衣服。作战的时候，她凭着一身好武艺，总是冲杀在前。从军12年，木兰屡建奇功，同伴们对她十分敬佩，赞扬她是个勇敢的好男儿。

战争结束了，皇帝召见有功的将士，论功行赏。但木兰既不想做官，也不想要财物，她只希望得到一匹快马，好让她立刻回家。皇帝欣然答应，并派使者护送木兰回去。

木兰的父母听说木兰回来了，非常欢喜，立刻赶到城外去迎接，弟弟在家里也杀猪宰羊，以慰劳为国立功的姐姐。木兰回家后，脱下战袍，换上女装，梳好头发，出来向护送她回家的同伴们道谢。同伴们见木兰原是女儿身，都万分惊奇，没想到共同战斗12年的战友竟是一位漂亮的女子。

孝行教后人

陆陇其素以孝闻名。

据说，他父亲去世的时候，他正在京城考试，一听说父亲去世了，立刻赤足步行往家赶。到了家里，日夜哭泣，每天也不入内室，只是席地而卧。

他在灵寿当知县的时候，为政清廉，深得人民爱戴。一天，一位老妇人告状她不孝的儿子，那是一个 20 岁的青年。陆陇其对老妇人说：“我没有小仆人，你的儿子可以暂时来帮忙，如果我找到合适的人选了，我就给他施以杖刑然后遣送回家。”从此以后，这位青年人就侍奉在陆拢其左右。每天早晨，陆拢其都恭候在自己老母亲的房门外，等母亲起床了，就应照着母亲洗漱、吃早饭。午饭的时候，他也在旁边服侍。每次都是等母亲吃完了，他才吃剩下的东西。晚饭也是如此。如果有空余时间，他就会陪母亲说话，讲些笑话逗母亲开心。母亲稍有不适，陆陇其立刻找来医生，亲自去买药、煎药，日夜陪伴在母亲的床前，有的时候甚至几夜都不睡，不知疲倦地细心照顾着母亲。陆陇其对母亲的所作所为，那个青年都看在眼里。几个月过去了，有一天那个青年突然跪在陆陇其面前，请求让他回家去看望母亲，陆陇其问："你不是和母亲不和吗？为什么还要看她呢？"年轻人哭着说："过去是我不懂事，对母亲不好，现在好后悔啊！"于是陆陇其就安排他们母子相见。见面后，母子俩抱头痛哭。青年和母亲回家后，对待母亲与以前判若两人，后来青年也因为孝顺而闻名乡里。

孝心终生伴

1925 年，廖仲恺遭暗杀。父亲去了，廖承志与母亲间感情上的互爱日益笃深，到了相依为命的地步。母亲如果一段时间里得不到儿子的音讯，就会坐卧不宁，茶饭无心。儿子只要有空，第一件事就是去看望母亲。

廖承志知道母亲在日本养成了爱吃酱菜和“生果子”的习惯，看望母亲时常去日本商店买点日本酱菜和“生果子”之类的食品给母亲换换口味。一次，他去看望母亲，见母亲手背上贴了块胶布，心疼地拉起她的手，轻轻揉按了一两个小时，嘴里还不停地劝慰母亲：“今后再也不要过分地操劳了。”

母亲的眼里始终噙着泪花。她仔细端详着儿子，觉得儿子长大了。此时，廖承志已是一名共产党员了。而母亲由于对国民党右派政权的愤慨和失望，辞去了在国民党中的所有事务，开始了隐居作画的生涯。建国后，母子终于能长时期地聚首一堂了。

廖承志这时虽然已身居要职，但只要人在北京，每天早上都要到母亲的房里去请安问好，遇上母亲去外地休养或有事，儿子得暇也经常随行照料。空闲时，母子不是在一起回顾往事，便是一起作画题诗，以表达胸志和情怀。后来在逆境中，这些画有的竟成了激励他们不向淫威屈服的精神武器。

“文革”中，廖承志受诬陷，为了他的安全，周恩来亲自下令把他藏了起来，与世隔绝了整整5年。

廖承志的夫人经普椿每周可看望他一次，每次见面廖承志劈头就问的一句话常是：“妈妈好不好？饮食如何？”

这时，母亲对儿子更是牵肠挂肚，每次问起儿媳，总觉得她在找话搪塞自己。

知子莫如母，母亲知道儿子一定是又遭难了。于是，拿出了和儿子一起画的一幅《踏雪寻梅图》，回想着儿子过去种种逢凶化吉的奇遇，她坚信，阴霾终将散去。

1972年9月1日，何香凝在忧病交加中去世。毛泽东和周恩来为遂她生前欲与廖仲恺先生“生则同衾，死则同穴”的愿望，特派专车将灵柩送往南京与廖仲恺先生合葬。

从此，每年的清明节，廖承志总不忘悼念双亲，多次来到自己手书的墓碑前祭扫。

1983 年 5 月，75 岁高龄的廖承志又一次来到双亲墓前悼念致哀，还写了一首小诗，诗中说：“金陵无限好，来到正清明。信笔记心事，鲜花唁老亲。”

一个月后，廖承志因心脏病突发，在北京逝世，这次祭扫竟成了他最后的一次尽孝。

重礼尊师

孔子和他的朋友驾车去晋国。一个孩子在路当中堆碎石瓦片玩，挡住了他们的去路。孔子说："你不该在路当中玩，会挡住车辆！"孩子指着地上说："老人家，您看这是什么？"孔子一看，是用碎石瓦片摆的一座城。孩子又说："您说，应该是城给车让路还是车给城让路呢？"孔子被问住了。孔子觉得这孩子很懂礼貌，便问："你叫什么？几岁啦？"孩子说："我叫项橐，7岁！"孔子对自己的学生说："项橐7岁懂礼，他可以做我的老师啊！"

孔子十分重礼，认为对一般人来说，"不学礼，无以立"(《季氏》)。对统治者来说，"上好礼，则民易使"(《宪问》)，"上好礼，则民莫敢不敬"(《子路》)。因此，孔子主张"克己复礼"，要求人们"非礼勿视，非礼勿听，非礼勿言，非礼勿动”（《颜。渊》）对孔子礼有自己独特的理解。他曾说“礼云礼云，玉帛云乎哉！乐云乐去，钟鼓云乎哉！”（《阳货》）。孔子的意思是说，礼乐不仅仅是一种形式和节奏，而是有着更为本质的内涵。所谓礼的本质内涵不是别的，正是仁。孔子说：“人而不仁，如礼何？人而不仁，如乐何？”

公元前521年春，孔子得知他的学生宫敬叔奉鲁国之命，要前往周朝洛阳去朝拜天子，觉得这是个向周朝守藏史老子请教“礼制”的好机会。于是孔子征得鲁昭公的同意后，与宫殿叔同行。到达京都的第二天，孔子便只身徒步前往守藏史府去拜望老子。正在书写《道德经》的老子听说誉满天下的孔子前来求教，赶忙放下手中笔，整顿衣冠出迎。孔子见大门里出来一位年逾古稀、精神矍铄的老人，料想便是老子，急忙跑向前，恭恭敬敬地向老子行了弟子礼。

进入大厅后，孔子再拜后才坐下来。老子问孔子为何事而来，孔子离座回答：“我学识浅薄，对古代的‘礼制’一无所知，特地向老师请教。”老子见孔子这样诚恳，便详细地发表了自己的见解。回到鲁国后，孔子的学生们请求他讲解老子的学识。孔子说：“老子博古通今，通礼乐之源，明道德之归，确实是我的好老师。”同时还打比方赞扬老子，他说：“鸟儿，我知道它能飞；鱼儿，我知道它能游；野兽，我知道它能跑。善跑的野兽我可以结网来逮住它，会游的鱼儿我可以用丝条缚上鱼钩来钓到它，高飞的鸟儿我可以用良箭把它射下来。至于龙，我却不能知道它是如何乘风云上天的。老子，就像龙一样！”

跪拜荆条

秦始皇焚书坑儒，为此而落得个千古骂名，可他尊敬老师的故事却鲜为人知。

那是秦始皇统一六国后，即公元前215年的秋天，他第四次出巡时发生的事。当时，秦始皇在文武群臣的护卫下，乘着车辇，浩浩荡荡地从碣石向东北的仙岛前进。伴随着均匀的马蹄声，秦始皇不觉沉入对往事的追忆中：回想起自己幼年的老师，仿佛就在眼前，虽说严厉，可令人钦敬难忘。我嬴政能有今日，其中也有他的一份功劳呢！他第一堂课讲的就是舜爷赐给我们家的姓。他先分别讲了“亡，口，月，女，凡”，然后再把它们合成一个“嬴”字。第二天就要背写，“老师，这字太难写了。”“什么？一个嬴字就难住了，将来秦国要你去治理，难事多着哩，能知难而不进吗？”说着就举起了荆条棍……可惜自己已多年没见过这位老师，听说他老人家已经去世了。突然，车停了。前卫奏道：“仙岛离此不远，请万岁乘马。”于是，秦始皇换乘了心爱的大白马。过不多时，便到了岛上。秦始皇环视渤海，胸襟万里，豪气昂然，更加思绪万千。待到他低头察看眼前后，却突然下马，撩衣跪拜起来。随从的大臣们见此情景，尽管感到莫名其妙，也只好跟着参拜。等秦始皇站起身来，大臣李斯才问他为何参拜。秦始皇深情地说：“众位卿家，此岛所生荆条，正是朕幼年在邯郸时老师所用的荆条，朕见荆条，如见恩师，怎能不拜？”后来，人们就把这个岛称为秦皇岛。传说岛上的荆条为秦始皇敬师的精神所感动，皆垂首向下，如叩头答谢状。

教子尊师

唐太宗李世民是我国历史上一个少有的明君，他认为国家要兴旺发达，长治久安，搞好教育是非常重要的，认为教诲太子诸王是当日之急。因此，他给几个儿子选择的老师都是德高望重，学识渊博的人。并且，一再告诫子女一定要尊重老师。

一次，太子的老师李纲因患脚疾，不能行走。怎么办呢？在封建社会，后宫森严，除了皇帝和他的后妃、子女可以坐轿外，其他官员不要说坐轿，就是出入也是诚惶诚恐的。唐太宗知道后竟特许李纲坐轿进宫讲学，并诏令皇太子亲自迎接老师。

后来，唐太宗又叫礼部尚书王圭当他儿子魏王的老师。有一天，唐太宗听到有人反映魏王对老师不尊敬，十分生气，就当着王圭的面批评儿子，说：“以后你每次见到王圭，如同见到我一样，应当尊敬，不得有半点放松。”从此，魏王每次见到老师王圭，总是毕恭毕敬，听课也认真了。

由于唐太宗家教很严，他的几个儿子对老师都很尊敬，从不失礼。唐太宗教子尊师的故事也被后人传为佳话。

程门立雪

宋朝，有一位很有学问的人，名叫杨时。他对老师十分尊敬，一向虚心好学。

杨时学习非常刻苦，后来考取进士，他不愿做官，于是继续访师求教，钻研学问。当时程颢、程颐兄弟俩是全国有名的学问家，杨时先拜程颢为师，学到不少知识。4年后，程颢去世了。为了继续学习，杨时又拜程颐为师。这时候，杨时已经40岁了，但对老师还是那么谦虚、恭敬。

有一天，天空浓云密布，眼看一场大雪就要到来。吃过午饭，杨时想向老师请教一个问题，于是约了同学游酢一起去程颐家。到了程颐家后，守门人对他们说，程颐正在睡午觉。他们不愿意打扰老师午睡，便一声不响地站在门外等待。

鹅毛大雪在天空飘舞，凛冽的寒风在呼呼地吹着，顷刻间大地变成了银白色的世界。他们的身上、头上很快就落满了雪。他们冻得浑身发抖，却仍旧站在门外等老师睡醒。

过了好长时间，程颐睡醒了，这才知道杨时和游酢在门外雪地里已经等了很久，便赶快叫他们进屋。

这时候，门外的雪，已经积得有一尺多厚了。这就是程门立雪的故事。杨时这种尊敬老师的优良品德，一直受到人们的称赞。由于他能够尊敬师长，虚心向老师求教，学业进步很快，后来终于成为一位全国知名的学者。各地不少人，都不远千里来拜他为师。人们都尊称他为“龟山先生”。

赴汤蹈火，威武不屈

安史之乱使唐朝转向衰落，出现了藩镇割据的局面。代宗死后，他的儿子李适即位，为德宗，但实权却被宰相卢杞把持。卢杞一直对颜真卿的才略和耿直嫉恨。

782 年，唐德宗想改变藩镇专权的局面，却引发了藩镇叛乱。其中淮西节度使李希烈兵势最强，他自称天下大元帅，向朝廷进攻，朝野大为震惊。唐德宗找宰相卢杞商量，卢杞欲借机铲除颜真卿，于是说："不要紧。只要派一位德高望重的大臣去劝导他们，不用动一刀一枪，就能把叛乱平息下来。"

卢杞推荐了年老的太子太师颜真卿。这时候，颜真卿已经是 70 开外的老人了。文武官员听说朝廷派颜真卿到叛镇去做劝导，都为他的安全担心。但是，颜真卿却不在乎，带了几个随从就赶往淮西。

唐朝宗室李勉听到这件事，觉得朝廷将失去一位元老，于是秘密上奏请求留住他，并派人到路上去截他，但没有追赶上。

李希烈听到颜真卿来了，想给他一个下马威。在见面的时候，叫他的部将和养子一千多人都聚集在厅堂内外。颜真卿刚刚开始劝说李希烈停止叛乱，那些部将和养子就冲了上来，个个手里拿着明晃晃的尖刀，围住颜真卿又是谩骂，又是威胁。但颜真卿却面不改色，朝着他们冷笑。

李希烈令人退下，接着，把颜真卿送到驿馆里，企图慢慢软化他。

叛镇的头目都派使者来跟李希烈联络，劝李希烈即位称帝。李希烈大摆筵席招待他们，也请颜真卿参加。叛镇派来的使者见到颜真卿来了，都向李希烈祝贺说："早就听到颜太师德高望重，现在元帅将要即位称帝，正好太师来到这里，不是有了现成的宰相吗？"

颜真卿扬起眉毛，朝着叛镇使者骂道："什么宰相不宰相！我年纪快八十了，要杀要剐都不怕，难道会受你们的诱惑，怕你们的威胁吗？"

李希烈没办法，只好把颜真卿关起来，派士兵监视着。士兵们在院子里掘了一个一丈见方的土坑，扬言要把颜真卿活埋在坑里。第二天，李希烈来看他，颜真卿对李希烈说："我的死活已经定了，何必玩弄这些花招。你把我一刀砍了，岂不痛快！”

过了一年，李希烈自称楚帝，又派部将逼颜真卿投降。士兵们在关颜真卿的院子里，堆起柴火，浇足了油，威胁颜真卿说：“再不投降，就把你放在火里烧！”

颜真卿二话没说，就纵身往火里跳去，叛将们把他拦住，向李希烈汇报。

785 年 8 月 23 日，李希烈想尽办法，终没能使颜真卿屈服，就派人将其缢杀，终年 77 岁。

头可断 志不可屈

1644 年，身为南明兵部尚书的史可法一心想打退清军，恢复大明江山。他到扬州后，同士兵们同甘共苦。

1645 年，多铎率军南下，一路城镇望风而降。不久，清军到了扬州城，史可法急调防淮诸将进入保卫扬州，亲率扬州军民构筑工事迎战。西门最险要，史可法亲自坐守。多铎让一个降将去劝降，被史可法乱箭射走。清军还不死心，后来又 5 次找来乡民拿着降书去见史可法，史可法看都没看就把它们烧了。史可法对投降变节的败类，最为鄙视。自己早已下定决心：城在人在，城陷人亡。在战事万分紧急的一个深夜，他知道已到了千钧一发的关头，就在灯下给母亲、妻子及其他亲属疾书遗书，表达以死报国的决心。还向其部下史德威说："我无后，愿你为我义子，我矢志与扬州共存亡，活着决不负于国家。”此情此景，令人为之动容。

很快，清军开始攻城。但在扬州军民的顽强抵抗下死伤惨重。可双方实力相差太悬殊，清军终于在第 4 天以惨痛的代价攻进扬州城。史可法一见大势已去，拔出宝剑便要自杀，被周围几个将士拦下。将士们护着他往外冲，不幸碰上一大批清军，史可法见状大叫：“我就是史可法！”清军将史可法押至多铎面前。多铎说：“史先生，我过去给你写了许多信，你都没有回音。现在你落到我的手。

陈毅吃墨水

陈毅元帅从小就喜爱读书学习，而且非常专心用功。他平时身上总装着一本自己喜欢读的书，一有空就看上几页，是一个读书迷。

有一年中秋节，陈毅到一位亲戚家去过节。一进门，就看到桌子上放着一本书，走近一看，竟是自己渴望已久的好书，心里特别高兴。陈毅很有礼貌的向亲戚行礼问好后，便不顾路途的疲劳，拿起书躲在书房中，兴致勃勃地读了起来。他一边读，一边用毛笔做着笔记。

午饭的时间到了，亲戚做好了饭菜，不见陈毅出来，只好催他来吃饭。可是一连催了好几次，陈毅都舍不得把书放下。这位亲戚见陈毅这么入迷，就把蒸好的糍粑和糖端到陈毅的桌上，让他边看边吃。

糍粑本该蘸着糖吃，谁知陈毅的注意力全集中在书上。他拿起一块糍粑伸到了砚台里，又把蘸满墨汁的糍粑送进了嘴里，就这样，一边吃着，一边继续看书。

过了一会儿，亲戚又给陈毅端来一碗面条，刚一走进屋子，见陈毅满嘴黑糊糊的，不由得惊叫了一声。屋外的人不知发生了什么事，都赶忙涌进屋来，看到陈毅那滑稽的样子，大家都忍不住哈大笑起来。

陈毅知道是怎么回事后，也笑着对大家风趣地说：“吃点墨水没啥子关系，我正觉得肚子里的墨水太少哩！”说完用纸擦了擦嘴，又继续看起书来。

视死如归

北京城一夜之间，形势大变。袁世凯叛变，慈禧太后发动政变。维新派被捕的被捕，逃亡的逃亡。康有为乘船逃走，梁启超暂避日本使馆，准备去日本。

此时，谭嗣同却在自己的住处收拾东西，将自己多年来所写的诗文稿件，来往书信，装了满满一箱子，来到梁启超避居的日本使馆，对梁启超说："我们想救皇上，没能救成。现在，一切都无济于事，只好受死。你快到日本去，我只要你把我这箱东西带走就没其他的牵挂了！"说完，悲伤地低下头。

梁启超给他讲了"留得青山在，不怕没柴烧"的道理，劝他一起去日本。谭嗣同却说："不有行者，无以图将来；不有死者，无以酬'圣主'"，他愿梁启超充当"行者"，"以图将来"，而自己要以死来报答光绪皇帝。侠肝义胆的王五找到谭嗣同说："请快走，我会拼死保护你的。"谭嗣同看了看这位自己青少年时代的武术老师，多年的莫逆之交，泪水不禁湿衣，解下随身佩带的"凤矩"宝剑，抚弄一会儿，然后双手递给王五，并说："你我多年，以此物作个纪念吧！"

王五接过宝剑，眼里充满了泪水，他仍苦劝谭嗣同赶快逃走。后来又有些人来劝他逃走，都被他拒绝。他说："各国变法，无不从流血而成，今日中国未闻有因变法而流血者，此国之所以不昌也。有之，请自嗣同始！"他下定死的决心，以期唤醒将来有志图强的人。

谭嗣同被捕了。由于王五送给狱中官吏钱物，才使谭嗣同免受许多皮肉之苦。在狱中，他大义凛然，神情自若，视死如归。他抚今追昔，眷念祖国和水深火热中的人民，在狱壁上写了一首诗：

望门投止思张俭，忍死须臾待杜根。

我自横刀向天笑，去留肝胆两昆仑。

行刑前，谭嗣同面不改色，横眉冷对。只听他高声朗诵："有心杀贼，无力回天；死得其所，快哉快哉！"大声呼罢，哈哈大笑。此情此景，上万围观的人，无不潸然泪下。

谭嗣同死后，大刀王五（一说老管家刘凤池）为他收尸。第二年，骨骸运回原籍湖南浏阳，葬于城外石山下，后人在他墓前华表上刻上一副对联，以扬英灵：亘古不磨，片石苍茫立天地；一峦挺秀，群山奔趋若波涛。

气节长歌

1938年春，杨靖宇率领抗联战士500人，活动于通化、辑安（今集安）、临江一带，对敌人进行多次奇袭。3月13日，他们奇袭通化到辑安的铁路工事场，毙伤日伪军10人，俘虏83人，毁坏敌人房屋12座、汽车两辆，还缴获了被服等许多物资。7月，杨靖宇又率领抗联战士1 000人，在摩天岭伏击敌人，两次击溃伪满军精锐部队三十四、三十二两个团，击毙、击伤、俘虏第三十四团团长和日军指导官等1 000人。日军气急败坏地调集大批精锐部队前来包围，杨靖宇率部队在临江突破敌军包围圈，安全转移到深山密林里。

1939年冬天，日军加紧了对东北抗日联军的“搜剿”。他们封锁交通要道，接连不断地在城市和农村清查户口，严格控制粮食和食盐的买卖，用这种办法给抗日联军制造困难。冬天在东北的冰天雪地里很难找到能抵挡饥寒的东西，又由于长年转战各地，得不到很好的休息，许多抗联战士都饿瘦了，累病了，但他们仍然忍住寒冷、饥饿和疾病的折磨，继续不断地坚持战斗，打击敌人，不让侵略者得到片刻安宁。

转眼到了1940年春天，杨靖宇带领战士们走出深山老林，准备伏击敌人，却不料被敌人发现，两军进行了一场遭遇战。敌人是有充分准备的，而抗联战士在忍饥挨冻了一个冬天以后，健康状况很差，武器又远不如敌人，他们虽有坚强的毅力和一往无前的战斗精神，但也无法打退源源不断进攻的敌人，杨靖宇带着战士们奋战了五天五夜，战士们都牺牲了，只剩下杨靖宇一人，且战且走，向濛江县撤退。2月23日，当他到达濛江保安村西南三道崴子时，已经是筋疲力尽，支持不住了。跟踪追寻上来的一百多名日伪军，见此情形，喊叫着要他投降，杨靖宇毫不畏惧，他镇静地靠着一棵大树站立，开枪射击，一连打死打伤20个敌人。不幸的是他自己的左手负了伤，只好用右手继续射击。敌人又叫喊着围上来要他投降，杨靖宇回答他们的是慷慨激昂的呼声："抗日联军万岁！"最后，一颗罪恶的子弹打中了他，杨靖宇为祖国献出了自己的生命。

1940年2月底的一天，一辆日本鬼子的军用卡车开到了濛江县城的医院前，几个日军从车上抬下一具中国人的遗体，匆匆放到手术台上。日军指挥官吼叫着："赶快解剖！我要看看他到底吃了些什么东西！"

烈士的腹部被剖开了，在肠胃里竟找不出一粒粮食，里面只有树皮、草根和棉絮！日本鬼子惊呆了，他们为中国有这样的钢铁汉子感到恐惧，在场的中国医生和护士们，也都慢慢地低下了头，流出了眼泪……

中华人民共和国成立以后，为了纪念杨靖宇烈士，人民政府把他最后牺牲的濛江县改名为靖宇县。

朝闻道，夕死可矣

日本投降后，闻一多积极参加各种集会，写下了充满战斗精神的杂文和宣言。特务对他极为仇视，在被称为“民主堡垒”的西南联大里张贴恐吓传单，故意将其名改为类似俄国人的“闻一多夫”。1945 年 12 月 1 日，昆明大中学校学生在西南联大举行反内战时事讲演晚会，国民党当局竟出动由特务等组成的“军官总队”，冲入校园投掷手榴弹，制造了震惊中外的“一二·一”惨案。闻一多悲愤已极，亲赴烈士灵堂祭奠，并手书“民不畏死，奈何以死惧之”的挽联，在为四烈士举行的出殡游行时走在队伍最前列。

1946 年夏，西南联大解散，闻一多也想随师生北返清华，却由于全家搬迁费用短缺而滞留。这时国民党当局认为昆明民主力量削弱，又嚣张起来，于 7 月 11 日夜间用无声手枪暗杀了民盟中央委员李公朴。当时一些著名学者跑到外国领事馆要求避难，市内又盛传黑名单中下一个便是闻一多。地下党通知他暂时隐蔽，闻一多却把生死置之度外，毅然参加了 15 日下午在云南大学举行的李公朴追悼会。会上本没有安排他发言。当李夫人介绍丈夫被害经过泣不成声时，混入会场的特务却叫嚷捣乱。闻一多忍无可忍，对着会场内的千名师生和嚣张的特务，发表了一生中著名的最后演讲，宣布自己“前脚跨出大门，后脚就不准备再跨进大门”。当天闻一多便被特务暗杀。

1949 年 8 月，毛泽东在《别了，司徒雷登》一文中赞扬了闻一多“拍案而起，横眉怒对国民党的手枪”的精神，提出：“我们应当写闻一多颂、写朱自清颂，他们表现了我们民族的英雄气概。”后来毛泽东在读《二十四史》写下的批语中，又称颂闻一多“以身殉志，不亦伟乎！”几十年后的清华园中，已分别矗立起闻亭和自清亭。闻亭前屹立着闻一多戴圆眼镜、叼烟斗的塑像。石碑上刻着他的名言：“诗人最主要的天赋是爱。爱他的祖国，爱他的人民。”

“朝闻道，夕死可矣”，从五四狂放诗人最终成为共产党的拥护者，闻一多完成了自己生命的升华。

虎口里迸发出的气节

1948 年春，解放军在全国范围内展开了战略反攻。国民党反动派统治下的重庆，已是一派“山雨欲来风满楼”的景象。地下党员江姐带着省委的重要指示，冲破敌人的重重封锁，离开山城，奔赴川北革命根据地。途中，她听到丈夫——华蓥山纵队政委彭松涛同志牺牲的消息，抑制住内心的悲痛，毅然直上华蓥山，见到了游击队司令员“双枪老太婆”，她们率领游击队展开了轰轰烈烈的武装斗争。国民党反动派四处通缉江姐。江姐在群众的掩护下，和同志们一道又一次拦住敌人的军车，缴获大批武器弹药，打击了反动派的嚣张气焰。由于叛徒甫志高的出卖，江姐不幸被捕。在重庆中美合作所渣滓洞集中营里，面对特务的威逼利诱，面对敌人的各种酷刑，江姐大义凛然，义正词严地痛斥敌人的罪行，表现出共产党员坚贞不屈的革命气节和崇高精神。特务头子得知她是川东临时工委联络员、下川东地委委员，掌握着川东云阳、奉节、巫溪、巫山等县党组织和游击队的情况，便妄图从她身上打开缺口。特务接连对她进行审讯，用夹手指、坐老虎凳、灌辣椒水等酷刑折磨她，使她一次次痛昏过去，但她始终未吐露一点情况，表现了共产党人视死如归的英雄气概和民族气节。

重庆解放前夕，敌人逃跑前，策划屠杀被捕的共产党员和革命者的阴谋。根据上级党组织的指示，为配合我军胜利进军，江姐在集中营组织和领导越狱。在这生死的紧急关头，敌人要提前杀害江姐。为了不暴露越狱计划，保护同志们，江姐毅然走向刑场。

江姐在临死前还写下了一封托孤遗书。当时江姐是用筷子磨成竹签做笔，用棉花灰制成墨水，写下这封遗书的。信里满载着江姐作为一名母亲，对儿子浓浓的思念之情。信中说道：“我们有必胜和必活的信心，自入狱起，我就下了坐牢两年的决心，现在时局变化的情况，年底有出牢的可能……我们在牢里也不白坐，我们一直是不断地学习……我们到底还是虎口里的人，生死未定……假若不幸的话，云儿（指江竹筠的孩子彭云）就送给你了，盼教以踏着父母之足迹，以建设新中国为志，为共产主义革命事业奋斗到底。孩子们决不要骄（娇）养，粗服淡饭足矣……”

例行节约，以身作则

汉文帝本来想建造一个露台，以便欣赏山水风光。他找到了工匠，让他们算算需要花多少钱。工匠们仔细地一算，对他说："不算多，100 两金子就足够了。"汉文帝听了，吃了一惊，连忙问："这 100 两金子大约相当于多少户中等人家的收入？"

工匠们大略地算了一下，说："10 户。" 汉文帝一听，又摇头又摆手，说："快不要建什么露台了，现在朝廷的钱很少，老百姓的生活又很困难，还是把这些钱省下吧。"

后来，露台始终没有造。

汉文帝的生活十分俭朴。他即位后，身上的一件袍子，补了又补，一直穿了 20 年，也没有换一件新的。他还经常穿粗布衣服，很多生活用品都是前辈皇帝留下来的，自己很少去添新的，就连他宠爱的夫人也不许穿华丽的衣服。

汉文帝十分关心百姓的疾苦，经常亲自耕地种田，让皇后也去采桑养蚕。他即位不久就下令：由国家供养 80 岁以上的老人，每月都要发给他们米、肉和酒，90 岁以上的老人，国家还要发给麻布、绸缎和丝棉。

躬行节俭，示法子孙

明朝人称赞朱元璋，说他：“节于自奉，食不用乐，罢四方异味之贡。非宴群臣，不特设盛馔。功业益崇，益尚俭朴。”这些话的意思是，朱元璋的吃穿用度很节俭，吃饭时不像一些帝王那样需要演奏音乐，他还下令各地停止进贡珍奇异味，如果不是宴请群臣，绝不大摆宴席。朱元璋的功业越高，越崇尚俭朴。

朱元璋还十分爱惜民力，提倡节俭。他即位后，在应天修建宫室，只求坚固耐用，不求奇巧华丽，还让人在墙上画了许多历史故事，以提醒自己。按惯例，朱元璋使用的车舆、器具等物，应该用黄金装饰，朱元璋下令全部以铜代替。主管的官员报告说用不了太多黄金，朱元璋却说，他不是吝惜这点黄金，而是提倡节俭，自己应作为典范。

朱元璋曾经到东阁视察，当时天气酷热，汗流沾衣，跟随的人随即给他换下湿衣，那些衣服都是洗了又洗的。参议宋思颜说："主公躬行节俭，真可示范子孙。"朱元璋听了这话很高兴，于是给了这个参议一些赏赐。

朱元璋厉行节俭，是因为他体会民心，爱惜民力，他认为天下百姓的饥寒冷暖与他息息相关。他说：(忧人者常体其心，爱人者每惜其力。朕每进一膳，即思天下民之饥；服一衣，即思天下军民之寒。"

历代由于骄奢淫逸导致败亡的教训太多了，为了明朝的长治久安，朱元璋将其牢记心中，时时作为警示，同时他还以自身的行动做出了榜样。他曾经说："古王者之兴，未尝不由于勤俭；其败亡，未尝不由于奢侈。前代得失可为明鉴，后世昏庸之主，纵欲败度，不知警戒，卒濒于危亡，此深可慨叹。大抵处心清净则无欲，无欲则无奢侈之患。欲心一生，则骄奢淫逸无所不至，不旋踵而败亡随之矣。朕每思念至此，未尝不惕然于心，故必身先节俭，以训于下。"

节俭办学，率先垂范

徐特立在长沙、瑞金、延安亲手创办了很多学校，而且都是在缺钱或少钱的条件下办成的。他凭的就是自力更生、艰苦奋斗、勤俭节约这三大传统法宝。

徐特立在当延安自然科学院院长时，由于日本的侵略，国民党的封锁，条件十分艰苦，没有科学仪器设备，没有必需的图书资料，甚至连普通的校舍、黑板、纸、笔都很缺乏。可是这些困难都难不倒徐特立，他带领师生们，自己做教具、制作实验设备、编写教材，还自己动手挖窑洞、建校舍。徐特立办长沙师范学院同样也是白手起家。可是在当时那种条件下，学生们没有校舍，怎么上课呢？他想到善化县和长沙县已经合并，善化的学堂闲着，虽然是个破庙，但收拾收拾，临时凑合着也可以用，最起码可以遮阳避雨。教师不够，就找来朋友帮忙，只吃饭不给钱。没有校工，徐特立就自己兼做。就这样，生气勃勃的长沙师范学院办起来了。许多年过去了，长沙师范学院为国家培养了大量优秀人才。徐特立办长沙女子师范学院也是一样，校舍、黑板、桌、椅都是借来的，没有经费，自己就在其他学校兼课，把所得的收入作为长沙女子师范学院的办学经费。

徐特立有一个外号叫“徐二叫化”，原因是他极其俭朴，在吃穿上尤为节俭，经常吃着冷饭咸菜，穿着带补丁的衣服。有一年除夕，他办完事深夜才返校，开水泡冷饭就成了他的年夜饭。徐特立在当长沙师范学院院长时，因为穿着过于粗朴曾被周南女校的门房误认为是下人。更有趣的是他担任国民革命军第十八集团军高级参议时，有一次被张治中将军的门卫挡在门外，说：“今天张主席有重要客人来访，恕不接待。”

等到徐特立回头拿出名片，张治中将军出来迎接时，门卫才知道这位形似伙夫的老头就是今天的贵客徐特立。徐特立当校长时， 教员坐轿子，他步行；教员吃小灶，他和学生一样吃大灶；教员穿皮鞋，他穿草鞋；别人请客，他从不参加。他在《六十自传》里写道：“节省日用，谢绝一切应酬，绝对不请朋友吃酒肉和茶点。”

在延安自然科学院当院长时，教师们都是好几个人住一孔窑洞。按规定，徐特立可以单独住一孔，可是他坚持要住三人一孔的窑洞。晚上三个人聚在一盏小油灯下办公。他说：“大家住得比我更挤，为什么我要一个人住呢？”当时住地到学校要翻几个山头，每到下雨，山陡路滑。他就赤着脚，拄着拐杖，爬上爬下，从不因为年高路滑而迟到一分钟。那时他已经快 70 岁了。有这样一位做榜样的校长，教师们在教学上谁都不会掉以轻心，学生也都严格要求自己，崇尚节俭。

喜欢简单，不追求奢华

世界华人首富李嘉诚，在一次回答记者提问时说：“我喜欢简单的生活，不追求物质享受，看重内心的平静，多做些有意义的事。”

这位大富翁的生活一向俭朴，他已经戴了20年的手表是花50元港币买的，因为走时准，尽管式样过时，他依然舍不得换新的。他住的房子是1962年买的。附近有几座带花园的洋房陆续被别人买走，李嘉诚对此并不动心，一直住在老房子里。每天他都在公司和职员们一起吃工作餐。巡视工地时，他也和工人一样吃盒饭。家里人都知道，他从来不让享用山珍海味。

熟悉李嘉诚的人都知道，他一贯不讲排场，即使宴请公司来的贵宾，他也不去高级饭店，而喜欢在公司食堂里多弄几样菜，并要求尽量不能多，让客人既吃饱又不浪费。

李嘉诚的办公室也俭朴得令人难以置信。他的办公室里没有摆放任何奖杯、、奖状，没有文件、照片，没有音响与电视。他的办公室片纸不留，他要求今日事今日毕。

李嘉诚的办公室内只有一部手提电脑，用于掌握资讯；还有一部台式电脑，用于查看股市行情；有几部电话机，分别用于与家人朋友、和记黄埔总裁、长江集团大厦内部、集团会议、秘书室通话；另有三幅字画。一是张大千画作，题为“李白诗意”。另一幅是八大山人画作，是描述开心、自在的内容。第三幅是书法，内容为左宗棠所撰“发上等愿，结中等缘，享下等福；择高处立，寻平处住，向宽处行”。

宽大胸怀得人心

战国时期，赵惠文王因蔺相如在和氏璧一事立功，拜他为上卿，官位在廉颇之上。廉颇因此心中感到十分不痛快，因为他向来居功自傲。他认为蔺相如不过是因为一块石头就这么受重用，很不服气，扬言一定要当面侮辱蔺相如。蔺相如知道这件事以后，不想和廉颇发生矛盾冲突，也不愿意和廉颇争位次高低，便处处留意，避让廉颇，上朝时也假称有病，以便回避。有一次，蔺相如乘车外出，远远看见廉颇的车子迎面过来，就急忙叫手下把车赶到小巷里避开。蔺相如的门客都认为蔺相如害怕廉颇，非常气愤，就对蔺相如说："我们一直认为你很勇敢，连秦王都不害怕，可是现在一个小小的廉颇就把你吓成这个样子，上朝都不敢，路上遇见还要躲开。我们对你太失望了。"蔺相如连忙解释说："依你们看来，是廉将军厉害，还是秦王厉害？”门客们说：“当然是秦王厉害。”蔺相如说：“对了，秦王威慑天下，我都敢在朝堂上斥责他，侮辱他的臣子，难道我还会害怕一个廉将军吗？只不过我是想，强大的秦国之所以不敢对赵国用兵，正是因为有廉将军和我两个人啊！如果我们两个人争斗起来，那势必不能共存，所谓‘两虎相斗，必有一伤’，这不是正合秦国的心意了吗？我对廉将军一再退让，正是以国家利益为重，把私人恩怨抛在脑后啊！”

蔺相如的话，使手下人极为感动。他们也学蔺相如的样子，对廉颇手下人处处谦让。此事传到了廉颇耳中，廉颇为相如拥有如此宽大的胸怀而深深感动，更觉得十分惭愧。于是脱掉上衣，在背上绑了一根荆杖，到相如家中请罪，并沉痛地说：“我是个粗陋浅薄之人，真想不到先生对我如此宽容。”

蔺相如见廉颇态度真诚，便亲自解下他背上的荆杖，请他坐下，两人坦诚畅叙，从此誓同生死，成为至交。

以德报怨

郭子仪和李光弼原本都是朔方（今宁夏一带）节度使安思顺手下的两员爱将，两人智勇双全，能征善战，人人都夸奖他们。可是他们两个人都认为自己比对方强，谁也不服谁，特别是当其他人夸奖另一个人的时候，他们都很生气，因此他们的关系很僵，甚至到了互相见面都不说话的程度。后来，郭子仪代替安思顺被朝廷任命为朔方节度使，李光弼成了他的下级。自从郭子仪上任后，李光弼天天忧心忡忡，心想这回郭子仪做了自己的顶头上司，以前的恩恩怨怨他能忘记吗，郭子仪一定会报复自己，自己绝对不能坐以待毙，必须马上离开，走得远远的。可就在这时候，他们忽然接到了皇帝的手谕，命郭子仪平定叛军，李光弼找到郭子仪说："我过去得罪过你，你可以把我处死，但不要株连我的妻儿。"郭子仪一听，赶紧从堂上跑下来，拉着李光弼的手走到堂上，流着眼泪说："现在国家大乱，这是你我计较私怨的时候吗？"说着就给李光弼跪下了。李光弼也感动不已，跪倒在地，两个人握着手对拜起来，表示：一定要同心协力，奋勇杀敌，报效国家。后来，他们紧密配合，讨伐叛军，凯旋而归。

郭子仪在平定"安史之乱"和抵御外族入侵中屡立奇功，却遭到了皇帝身边的红人——太监鱼朝恩的嫉恨。郭子仪率兵在外征战，鱼朝恩竟暗地里派人挖毁郭子仪父亲的墓穴，抛骨扬灰。郭子仪领兵胜利回朝后，好多人都认为肯定会有一场血雨腥风。不料当代宗皇上忐忑不安地提及此事时，郭子仪却伏地大哭，说："臣将兵日久，不能禁阻军士们残人之墓，今日他人挖先臣之墓，这是天谴，不是人患。"听到这些满朝文武无不为之感叹，鱼朝恩也羞愧得恨不得找个地缝钻进去。家仇的烈焰被郭子仪宽容的泪水给熄灭了。

郭子仪手握兵权，在朝中日益得到皇上的信任，鱼朝恩担心自己早晚会被郭子仪收拾，便想来个先下手为强，在家中摆下"鸿门宴"，请郭子仪赴宴。鱼朝恩的险恶用心连郭子仪的下属都看得一清二楚，他们极力劝阻郭子仪不要去。郭子仪却淡然一笑，不以为然，穿上便装，带上几个家童从容赴宴。鱼朝恩见了惊讶不已，在得知实情后，阴毒无比的一代奸臣竟被感动得号啕大哭，从此以后再不以郭子仪为敌，反而处处维护他。

宽容对待“陌路人”

林语堂先生是一个豁达之人。他有一个特点，凡事都不会放在心上。一般人容易记仇，林先生则不然。他从不记仇，也不记恨于任何事。

遥想当年，林语堂曾与鲁迅先生产生重大分歧。二三十年代，林先生在上海主编《论语》、《宇宙风》等杂志期间，以自由主义者的姿态，提倡“性灵”、“幽默”。其中，1925 年刊于《语丝》的林语堂的文章《插论语丝的文体——稳健、骂人及费厄泼赖》，是两人论战的开端。鲁迅先生随后写了《骂杀和捧杀》、《读书忌》、《病后杂谈》、《论俗人应避雅人》、《隐士》、《天生蛮性》等投枪文章。林语堂呢，也不示弱，以《我不敢再游杭》、《今文八弊》等文章反击，并表示“欲据牛角尖负隅以终身”。鲁迅的文章，是富有战斗力的，其文字也是锋利无比的。比如，他在《天生蛮性》一文中，只写了三句话：“辜鸿铭先生赞小脚；郑孝胥先生讲王道；林语堂先生谈性灵。”鲁迅将林语堂与前清遗老、伪满总理相提并论，可见当时鲁迅对林语堂的鄙夷之情，已到了什么样的程度。

林周二人，曾是志同道合的战友，也是不错的朋友。他们各有一支如椽之笔，走向却完全不同。一个高谈幽默，主张性灵闲适，因而曲折地表示自己的不满；另一个则毅然选择“直面惨淡的人生”，将文学当做“匕首”和“投枪”。这是性格所致，也是正常的。但是，俩人由文字引发的争论，直接招致两人的彻底分裂。

1936 年 10 月 19 日，鲁迅因肺结核不治而亡。此时，正在美国的林语堂，在鲁迅去世的 4 天之后，写了一篇文章，题目叫《悼鲁迅》，这篇文章是很值得一读的。

林语堂在文中写道：“鲁迅与我相得者二次，疏离者二次，其即其离，皆出自然，非吾与鲁迅有轩轾于其间也。吾始终敬鲁迅。鲁迅顾我，我喜其相知；鲁迅弃我，我亦无悔。大凡以所见相左相同，而为离合之迹，绝无私人意气存焉。”其“敬鲁迅”，是非常明确的。他还说：“鲁迅诚老而愈辣，而吾则向慕儒家之明性达理。鲁迅党见愈深，我愈不知党见为何物，宜其刺刺不相人也。然吾私心终以长辈事之（林语堂小鲁迅 14 岁）。至于小人之捕风捉影挑拨离间，早已置之度外矣。”当然，林语堂对鲁迅也有客观评价，比如，“鲁迅与其称为文人，不如号为战士”。综观全文，林语堂对鲁迅的去世是悲痛的，也是惋惜的。他在文章的开头说：“若说悲悼，恐又不必，盖非所以悼鲁迅也。”因为，“鲁迅不怕死，何为以死悼之？”其语言是深情的。

几十年后，林语堂寓居美国，也多次提到鲁迅。1961 年 1 月 16 日，林语堂应邀到美国国会图书馆讲《五四以来的中国文学史》，开篇便称鲁迅“在打倒旧中国方面是个主将”，而且是“最好的小说家”。虽然两人立场不同、观点有差异，然而林语堂的宽容态度，是令人肃然起敬的。

智退楚兵

战国初年，楚国的国君楚惠王想重新恢复楚国的霸权地位。他要去攻打宋国。为此惠王重用了公输般，来帮助他制造攻城用的云梯。

楚国想进攻宋国的事情，引起了墨子的强烈反对。墨子反对那种为了争城夺地而使百姓遭受灾难的混战。他听到楚国要利用云梯去攻打宋国，就急急忙忙地赶往楚国，他不分昼夜，风雨兼程，跑得脚底磨出水泡，开始流血，为了止血，早点赶到楚国，他就把自己的衣服撕下来裹着脚走。

这样奔走了十天十夜，终于到了楚国的都城郢都。墨子先去见公输般，对他说：“你不要去帮助楚惠王攻打宋国。”公输般说：“不行，我已经答应楚惠王了。”墨子就要求公输般带他去见楚惠王，公输般答应了。在楚惠王面前，墨子很诚恳地说："楚国土地广大，方圆五千里，地大物博；宋国土地不过五百里，土地贫瘠，物产也不丰富。大王为什么有了华贵的马车，还要去偷人家的破车呢？为什么要扔了自己的绣花绸袍，去偷人家一件旧短褂子呢？"

楚惠王虽然觉得墨子说得有道理，但还是不肯放弃攻打宋国。公输般也认为用云梯攻城很有把握。

见不能说服楚惠王，墨子就直截了当地说："你能攻，我能守，你们也占不了便宜。"他解下了身上系着的皮带，在地上围着当做城墙，再拿几块小木板当做攻城的工具，叫公输般来演习一下，比一比本领。

公输般采用一种方法攻城，墨子就用一种方法守城。一个用云梯攻城，一个就用火箭烧云梯；一个用撞车撞城门，一个就用滚木礌石砸撞车；一个用地道，一个用烟熏。公输般用了九套攻法，把攻城的方法都使完了，可是墨子还有好些守城的高招没有使出来。

公输般呆住了，但是心里还不服，说："我想出了办法来对付你，不过现在不说。"墨子微微一笑说："我知道你想怎样来对付我，不过我也不说。"

楚惠王听两人说话像打哑谜一样，感到莫名其妙，就问墨子："你们究竟在说什么？"

墨子说："公输般的意思很清楚，不过是想把我杀掉，以为杀了我，宋国就没有人帮助他们守城了。其实他打错了主意。我来楚国之前，早已派了禽滑厘等三百个徒弟守住宋城，他们每一个人都学会了我的守城办法。即使把我杀了，楚国也是占不到便宜的。”

楚惠王听了墨子的一番话，又亲自看到墨子守城的本领，知道要打胜宋国没有希望，只好说：“先生的话说得对，我决定不进攻宋国了。”

这样，一场战争就被墨子的智慧给阻止了。

少年奇才

童年的梁启超聪明过人，才思敏捷，祖父梁延十分喜欢他。梁启超5岁时开始读《四书》、《五经》，“8岁学为文，9岁能缀千言”，12岁考中首榜第一名秀才，被乡人称为“神童”。当地群众流传不少“神童”梁启超的故事。

有一次，梁启超爬上竹梯玩耍。祖父怕他有危险，急叫：“快下来，快下来！会跌死你的……”梁启超看见祖父急成那样子，竟又往上再攀一级，还冲口念出两句：“有人在平地，看我上云梯。”祖父不由开心大笑，感到乖孙非比寻常。

梁启超10岁那年，跟父亲入城，夜里住在秀才李兆镜家。李家正厅对面有个杏花园，梁启超第二天早晨起来便到杏花园玩耍，但见朵朵带露杏花争奇斗艳，十分可爱，便摘了几朵。突然听到脚步声由远而近，原来是父亲与李秀才来了。梁启超急忙将杏花藏于袖里，但仍被父亲看见了。父亲不好意思在朋友面前责怪儿子，便以对对联的形式来处罚他。父亲吟上联："袖里笼花，小子暗藏春色。"梁启超仰头凝思，瞥见对面厅檐挂着的"挡煞"大镜，即念出下联："堂前悬镜，大人明察秋毫。"李兆镜拍掌叫绝，于是道："让老夫也来考一考贤侄，'推车出小陌'，怎样？"梁启超立刻对上："策马入长安。""好，好！"李兆镜连声赞好。在欢悦的气氛中，父亲原谅了梁启超的过错。

一天，梁启超家里来了一位客人，当时正在厅里与父亲谈着什么。梁启超从外面玩得满头大汗走进来，从茶几上提起茶壶斟了一大碗凉开水正想喝，却被客人叫住了。"启超，你过来。"客人说，"我知道你认识很多字，我来考考你。"客人见茶几上铺着一张大纸，提笔便狂草了一个"龙"字："你读给我听。"梁启超看了一眼，摇摇头。客人哈哈大笑。梁启超没理他，一口气喝了摆在茶几上的那碗凉开水。客人看了又哈哈大笑，道："饮茶龙上水。"梁启超用右衣袖抹一下嘴角，说："写字狗耙田。"梁启超的讥讽让父亲尴尬，正要惩罚他，客人说："令公子对答工整，才思敏捷，实在令人惊异。"

梁启超的故乡新会茶坑村有座小山，叫坭子山，山上有座塔，叫坭子塔，又叫凌云塔。梁启超的老家就在坭子塔山下，童年的梁启超时常和小朋友爬上凌云塔望风景。一天，梁启超写了一首诗给祖父看。诗是这样的："朝登凌云塔，引领望四极。暮登凌云塔，天地渐昏黑。日月有晦明，四时寒暑易。为何多变幻？此理无人识。我欲问苍天，苍天长默默。我欲问孔子，孔子难解释。搔首独徘徊，此时终难得。”这就是梁启超11岁时写的《灯塔》诗。

苏步青争当第一

苏步青是我国现代著名的数学家。但是他在读小学的时候，功课不认真做，很顽皮，只知道贪玩。结果，一连三个学期在班里的学习成绩都是倒数第一。

父亲知道儿子的学习成绩后，并没有过多的责怪，将他转到另一所学校。到了新学校，他期末考试成绩仍然是倒数第一。老师看在眼里，急在心上。一天，他把苏步青叫到身边说：“你能够在这里念书，是你母亲流血流汗，省吃俭用换来的。你这样不用功学习，怎么对得起父母呢！”接着又给他讲牛顿的故事：牛顿从农村到城里念小学，开始时学习不好，有的同学欺负他是乡巴佬。有一次，一个学习成绩好身体也棒，平时牛顿就怕的同学，故意踢了他的肚子，痛得他直打滚。这次他忍无可忍，翻身就还手。牛顿如此勇猛，那个同学害怕了，只好认输。牛顿从这件事想到学习，只要有自信，刻苦学习，成绩一定能提高。从此，牛顿狠下苦功，没多长时间，学习成绩跃居全班第一，后来成为一个伟大的科学家。

老师的话使苏步青的心灵震颤了。他感到对往日的愧悔，立志要身牛顿学习。他增强了自己的自信心，别人读一遍就会的，他读三遍、五遍；做习题，别人做十道，他做三十、五十道。经过一年的努力，他各科的成绩大大提高，竟跃居全班第一名。这时，他并没有因为学习成绩在班里得到第一名而满足，他下了更大的决心，要在今后的学习中取得更大的胜利。

后来，他把数学作为自己的研究方向。不管是酷暑隆冬，霜晨寒夜，他一门心思读书，思考、解题、演算，他的数学才能日益是露出来了。

中学毕业后，苏步青到日本留学。几年后，他获得了博士学位。他的数学论文引起了国际性的轰动。他被称为“东方国度上升起的一颗璀璨的数学明星”。